KB274311

지속가능한
경영을 위한
기업의 문화
CULTURE MARKETING
마케팅

기업의 문화 마케팅

CULTURE MARKETING

진종훈 지음

한국학술정보(주)

머리말

기업의 지속가능한 경영이라는 테마는 많은 연구자들에 의해 논의되어 온 것이 사실이다. 보통 기업들은 경영의 전반에 대해 지속가능한 경영을 생각할 수도 있지만 사회공헌이라는 입장에서 고려해야 할 시기가 도래되었다고 생각된다. 기업도 사회의 한 구성원이기 때문에 기업의 이익만을 추구하려는 기업경영방식은 더 이상 소비자들과 사회에서는 필요하지 않다고 받아들여지고 있다. 이러한 상황을 고려할 때 기업은 사회의 구성원으로서 역할을 해 나갈 때 존립의 가치가 있고 소비자들에게도 긍정적인 기업의 이미지를 가질 수 있어 궁극적으로는 지속가능한 경영이 가능할 것이라고 생각된다.

지금 시대의 기업들은 하루아침에 역사 속으로 사라지는 기업들이 있는가 하면 하루아침에 생기는 기업들도 많아 지속가능한 경영이라는 것은 기업 입장이나 사회적 입장에서도 중요하며 지속가능한 경영의 요소를 찾아 적용하는 것이야말로 경영학 분야의 큰 화두인 것이다.

하지만 급속한 사회변화에 의한 소비자들의 변화무쌍한 욕구충족과 사회에서 원하는 기업이 되기 위한 요소를 찾아내는 것은 그리 쉽지 않아 보인다. 또한 기업들은 바로 내일 벌어질 일에 대해 성공적으로 대처할 수 있다는 것을 확언할 수도 없을 것이다. 내일에 대한 성공의 확신만 있어도 그 기업은 다른 기업보다 경쟁우위에 설 수 있다. 이러한 기업경영 환경에서 필자는 기업의 지속가능한 경영을 위해, 또는 사회구성원으로서 긍정적인 기업이미지 형성을 위해 기업들은 문화마케팅 활동을 장기적이면서 지속적으로 이어 나가야 한다고 생각한다. 왜냐하면 내일의 일도 아쉽게도 기업들은 예상하기가 힘들기 때문일 것이다. 문화마케팅이야말로 일방적인 기업의 커뮤니케이션 전략을 탈피하고 소비자와 능동적이고 쌍방향적으로 커뮤니케이션이 가능하기 때문이다. 필립 코틀러는 앞으로의 기업은 좋은 기업이 아닌 착한 기업으로 소비자들에게 인식되어야 한다고 했다.

그러기 위해서는 좋은 품질과 합리적인 가격의 제품을 만들어 소비자들에게 공급하는 기업이 아닌 좋은 사회 일원으로서의 기업이 필요하다고 할 것이다. 일방적인 광고를 통한 회사의 마케팅은 지양하고 소비자와 문화예술계, 국가가 행복할 수 있는 마케팅이 바로 '문화마케팅'이며 지속가능한 경영의 핵심이라고 주장하고 싶다. 이러한 경영활동을 통해 좋은 기업의 이미지를 얻어 이 사회에 꼭 필요한 착한 기업으로, 아니 더 나아가 사회의 정당한 구성원으로서 소비자들에게 인식되어야만 내일의 변화에 신축적으로 대처하며 지속가능한 경영을 달성할 수 있을 것이다.

본서는 대표적인 문화마케팅을 시행하는 3개사를 통하여 쓰여졌으며 문화마케팅의 효과 측정의 어려움으로 문화마케팅을 주저하는 기업들에게 조금이나마 도움을 주기 위해 문화마케팅이 기업이미지와 소비자들에게 기업의 제품에 대한 소비행동이 어떻게 달라지는지에 대해 역점을 두어 쓰여졌다.

문화가 새로운 경쟁력인 지금, 문화마케팅에 관심을 가지고 있는 대학(원)생, 일반인, 기업의 마케팅 담당자, 국가의 문화정책 담당자들에게 이 책은 각각의 입장에서 당면해 있는 문제점의 해결책을 제시하고 비전을 제시하는 데 조금이라도 도움이 되고 문화마케팅과 문화의 발전이 이 사회를 조금이라도 밝혀 주는 데 도움이 되었으면 한다.

2009년 9월 가을의 길목에서
진종훈

목차

표목차

그림목차

Ⅰ 서론

　소비자의 욕구는 시대 흐름에 따라 다양하고 빠르게 변화하고 있으며 소비자의 욕구 변화에 능동적으로 대처해 나가는 기업이야말로 지속 가능한 기업이라고 할 수 있을 것이다. 소비자들은 제품이나 서비스의 선택 기준이 품질과 가격 중심에서 감성과 품격 중심으로 변화하고 있고 이러한 소비자 욕구에 대응할 수 있는 기업의 마케팅 방법이 필요하게 되었는데 이것이 바로 문화라는 화두를 활용한 문화마케팅이다. 즉 문화가 중심이 되는 시대에 문화소비자들에게 대응하기 위해 문화적 욕구를 충족시킬 수 있는 기업의 제품과 서비스를 제공하고, 문화를 활용한 마케팅을 통해 기업이미지의 차별화와 고급화를 추구하면서 고객과의 긍정적 커뮤니케이션을 할 수 있어야 한다. 일방적인 정보 위주의 커뮤니케이션은 최소화하고 소비자의 직접적인 경험을 최대화하여 소비자 입장에서 기업에게 바라는 감성코

드의 체험과 긍정적 이미지 구축을 위해 문화적 요인은 가
장 중요한 수단이 되었고, 문화예술을 통한 소비자와의 긍
정적 커뮤니케이션이 그 어느 때보다 더 중요한 이슈가 되
었다. 이러한 상황에서 기업은 기업의 홍보, 마케팅에 있어
서 차별적인 가치를 표현하는 것을 넘어 기업 자체로서의
의미, 즉 상생(win-win)으로서 가치를 지녀야 하는 것으로
기업들의 인식이 전환되고 있다. 많은 기업들은 문화예술이
구축한 독특한 감성코드가 소비자에게 기업과 상품으로 쉽
고 편안한 접근을 제공하면서 소비자의 인식 속에 기업의
강력한 자산을 형성한다고 믿고 있어 문화를 이용한 마케
팅 활동을 활발하게 진행 중이다.

이렇게 문화가 각광을 받게 된 이유는

첫째, 대량생산 체제를 통해 해결하고자 했던 생활의 궁
핍함에서 벗어나게 되면서 획일적인 생활보다는 삶의 다양
화와 질을 추구하는 욕구가 높아졌다는 것이다.

둘째, 엘리트 고급문화와 대중문화의 경계가 모호해지면
서 대중들이 향유할 수 있는 문화의 폭이 넓어졌으며, 문화
의 상업화를 통해 문화가 상품으로서 거래되는 시장의 규
모가 비약적으로 커지고 있다는 것이다.

셋째, 디지털기술의 발달로 그동안 소비자들은 수동적 소
비 형태에서 능동적인 소비자이면서 동시에 다양한 뉴미디
어를 통해 문화 생산자로서 그 영역을 확대하고 있다는 것

이다.

넷째, 기술과 하드웨어의 품질이 유사해짐에 따라 지식과 문화와 같은 소프트웨어적인 부분이 더욱 중요하게 평가되고 있는 변화된 상황 때문이라는 것이다.

이러한 변화는 획일화된 대량소비 체제하에서 정형화된 하드웨어적 상품 위주로 소비생활을 해 오던 소비자들에게 감성적 욕구와 상징적 욕구를 충족시키고 독특한 소비경험을 제공해 줄 수 있는 상품을 선호하게 만들었다.[1]

문화마케팅의 시초라 할 수 있는 기업메세나(Mecenat)는 문화예술에 대한 이해가 높았던 메디치가(家)에서 미켈란젤로를 비롯한 르네상스시대의 많은 예술가들을 적극 후원하는 데서 비롯됐으며, 우리나라는 1970년대부터 문화예술에 대한 지원이 시작되어, 1994년 한국메세나협의회가 발족되면서 체계적인 활동을 시작하게 되었다. 기업메세나 활동은 사회공헌활동이면서 동시에 문화마케팅 수단으로 활용되기 시작한 것이다. 문화예술에 대한 지원은 연간 투입되는 광고비보다 적은 비용으로 사회적 신뢰를 바탕으로 기업에 대한 좋은 이미지를 구축할 수 있는 방법으로 부상하고 있다.

---

1) "문화마케팅", 서울: LG 경제연구소, 주간경제 710호, http://www.lgeri.com, 2003. 01. 15, 참고로 연구자가 재구성.

〈그림 1-1〉 메디치가 심볼2)　　　　〈그림 1-2〉 한국메세나협회3)

　문화마케팅과 관련한 선행연구는 초기연구단계로 심도 깊은 연구가 진행되지 않았음은 물론 문화마케팅과 기업이미지의 연관성에 관한 연구내용이 많았다. 단순히 기업이미지에 직·간접적 영향을 미친다는 연구 결과가 대다수를 이루고 있어, 본서에서는 문화마케팅이 활성화되기 위해서는 소비자가 기업의 문화마케팅을 통해 기업이미지를 어떻게 인식하며, 소비자를 통해 형성된 기업이미지가 소비자의 소비 행동에 어떠한 영향을 미치는지에 대한 연구가 절실하다고 생각되었다.

　그리하여 문화마케팅이 소비자에게 어떠한 기업이미지를 형성하며 소비행동에는 어떠한 영향이 있는지에 대한 심도 깊은 연구가 필요하게 되어, 본서는 기업의 문화마케팅 활동이 소비자 입장에서 어떠한 기업이미지로 형성되며 세분화되어 형성된 기업이미지가 소비행동에 어떠한 영향을 미

---

2) http://www.medici.org
3) http://www.mecenat.or.kr

치는지에 대해 연구하는 것이다. 연구 방법은 다음과 같다.

첫째, 이론 연구로서 기존의 선행연구들을 바탕으로 문화마케팅에 대해 사례 중심으로 이론 연구를 하고 실증적 조사에 적합하도록 문화마케팅의 유형을 3가지 실증 사례(문화판촉-LG전자, 문화지원-삼성전자, 문화기업-하나은행)로 정리하여 연구한다.

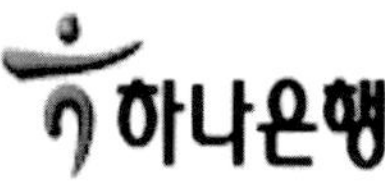

〈그림 1-3〉 LG전자4)　　〈그림 1-4〉 삼성전자5)　　〈그림 1-5〉 하나은행6)

둘째, 기업이미지에 대한 요인을 Winters(1986),7) Yamaki Tosio(1984)8)가 제시한 기업이미지 요인 중 문화마케팅에 적합하다고 생각되는 요인들을 4가지 변인(기업행동이미지, 사회행동이미지, 기업신뢰이미지, 마케팅 이미지)으로 정리하여 이를 매개변인으로 설정하여 분석한다.

---

4) http://www.lge.co.kr/cokr/about/b_info/ci.jsp
5) http://www.samsung.com/sec/aboutsamsung/information/ci/ci.html
6) http://www.hanabank.com/contents/itd/abt/index.jsp?di=c&url=/contents/
   itd/abt/hstorg/hstorg3/index.jsp
7) Winters, L, C., "The Effect of Brand Advertising on Company Image:
   Implications for Corporate Advertising", *Journal of Advertising Research*,
   Vol.26, Apr/May 1986.
8) 八券俊雄, "企業Image 戰略", 産能大出版部, 東京, 1984.

셋째, 문화마케팅을 실행하는 기업입장에서 문화마케팅 실행에 대하여 동기부여가 될 수 있도록 문화마케팅 실행 여부가 소비자의 소비행동에 어떠한 영향을 미치는지에 대하여 구매의도에 대한 선행연구를 바탕으로 문화마케팅에 적합하게 설문을 개발한다.

넷째, 선행연구를 바탕으로 문화마케팅(문화판촉, 문화지원, 문화기업) 실행에 따라 기업이미지가 어떻게 형성되는지 알아본다.

다섯째, 문화마케팅에 의해 생성된 기업행동이미지, 사회행동이미지, 기업신뢰이미지, 마케팅이미지가 소비행동에 각각 어떤 영향을 미치는지 알아본다.

본 연구를 통하여, 기업은 소비자가 원하는 문화마케팅을 실행함으로로써 소비자에게 좋은 기업이미지를 형성하고, 소비자의 소비행동 향상으로 인해 기업의 매출 증대 효과가 일어나며, 소비자는 기업에서 행하는 문화마케팅을 체험함으로써 문화예술의 접촉을 극대화하여 소비자의 감성을 충족시키고 문화적 풍요로움을 향유할 수 있을 것이다. 또한 문화예술계는 기업의 장기적 지원으로 문화예술의 발전을 가져올 수 있도록 하는 것이 이 연구의 근본적인 목적이라고 할 수 있다. 기업의 이미지가 중요시되는 시대에 문화마케팅 사례별로 소비자들이 기업이미지를 어떻게 인식하는

지도 중요한 연구의 결과가 될 것이다. 문화로 기업, 소비자, 문화예술계가 하나로 이어져 문화시대에 문화로 하나 되어, 상생할 수 있는 사회가 되어, 가치 있는 삶을 모두가 누릴 수 있기를 바란다.

본 연구에서는 문화마케팅의 유형 분류를 문화판촉, 문화지원, 문화연출, 문화기업, 문화후광[9]으로 분류해서 변수 간의 중복도가 적고 실증적 연구에 적합하도록 하기 위해 문화판촉, 문화지원, 문화기업을 독립변수로 선택했다. 효율적인 기업이미지 형성을 위해 문화마케팅의 유형에 따른 소비자의 기업이미지 인식과 기업이미지 인식에 따른 소비자의 소비행동에 미치는 영향을 분석했다.

이러한 연구를 위해 문헌 연구에서는 기업문화마케팅활동이 일반 대중에게 어떻게 인식되며, 기업의 문화마케팅과 기업이미지는 어떤 상관관계를 가지고 있는지, 특정 기업이미지 형성이 소비행동 변화에는 어떤 효과를 주는지를 알아보기 위해 기존의 연구들을 토대로 기업문화마케팅과 기업이미지 형성 및 소비행동에 대한 이론적 고찰을 하였다.

또한 실증연구를 위해 응답자를 기업문화마케팅 사례에

---

9) 심상민, "문화마케팅의 부상과 성공전략" 제372호, 삼성경제연구소, 2002. 10. 30, p.1.
오세정 · 김흥규, "기업의 문화마케팅에 대한 소비자의 인식연구", 주관성연구, 통권 제12호(2006년6월).
이삼호 · 백용재, "기업이미지제고를 위한 문화마케팅 활성화 방안에 관한 연구", 디지털디자인학연구, 제11호.

노출시킨 후 기업문화마케팅 유형 인식에 대한 4가지 설문
과 기업이미지 평가항목 16가지, 소비행동 항목 4가지 등
사례당 총 24가지 설문에 대해 5점 리커트(Likert) 척도로
질문하는 형식을 취했으며, 수집된 자료 분석은 SPSS V.
12.0 통계 패키지를 사용하여 자료를 분석하고 모형의 적합
도와 가설의 유의성을 검증하였다.

1. 문화의 개념

문화라는 개념은 사용하는 문맥에 따라 대단히 다양하기 때문에 하나의 정의를 도출하기는 거의 불가능하다. 그러기 때문에 문화란 말의 뜻을 풀어보면 다섯 가지의 의미를 지닌다는 것을 알 수 있다.[10] 첫째, 문화라는 말은 동서양을 불문하고 농경의 인간 활동과 직결되어 있다. 서양에서도 '문화(culture)' 어원은 라틴어의 'cultus', 즉 경작하다, 다듬는다는 의미를 지니고 있다.

둘째, 문화의 개념은 '문명(civilization)'이라는 개념과 중복되는 경우가 있다. 문명이라는 말은 근대사회의 시작, 즉 새로운 시민계층의 형성과 관련이 있다. 여기에서 문명은 기술적으로 진보된 문화를 의미한다. 우세한 문화로서의 서

---

10) 유태용, "문화란 무엇인가" 학연문화사, 1999, 참고로 연구자가 재구성.

구와 도시민의 모델이 전체적으로 부각된다.

셋째, 문화는 일종의 '편안함'이다. 이와 함께 문명의 두 가지 내용인 시민형성과 기술발전이 결합하여 문화에 대한 가치중립적 개념이 나타난다. 즉 서구와 마찬가지로 "모든 민족은 나름대로 문화를 가지고 있다."는 일종의 상대주의적 견해가 나타난다. 1920년대 이후 문화의 개념은 시공에 따라 특수하게 사용되기 시작한다.

넷째, 문화에 대한 상대주의적 입장에 대해 반론이 제기되어 새로운 가치 평가적 문화개념이 나타난다. 현 상황을 고정된 것이 아니고 일종의 가능성의 세계로 보거나 생산력의 전개 및 조직의 변화 가능성으로 생각해 볼 때 우리는 특정한 행로를 상정하게 되며, 따라서 모든 사람들에게 행할 수 있고 행하여야 하는 것이 문화의 내용을 이루게 된다. 여기에서 문화는 하나의 척도가 되며, 그 척도는 발전 가능성을 제시하는 것이 된다.

다섯째, 문화는 인간집단의 정체성을 형성하는 방식과 관련 있다. 문화를 단지 정체성 형성을 위한 작용효과나 하나의 결과로서 간주하는 것이 아니라 그러한 결과를 낳게 만드는 요인으로 보는 것이다.

영국의 인류학자 Edward Burnett Tylor는 저서 '원시문화(Primitive Culture, 1871)'에서 문화란 "지식·신앙·예술·도덕·법률·관습 등 인간이 사회의 구성원으로서 획득한

능력 또는 습관의 총체"라고 정의를 하였다.[11] 문화가 없는 인류가 과거에 존재하였고, 현재도 존재하고 있다는 것이다. 그러나 현재의 사회과학, 특히 문화인류학에서는 미개와 문명을 가리지 않고, 모든 인류가 문화를 소유하며 인류만이 문화를 가진다고 생각한다. 여기에서 문화란 인류에서만 볼 수 있는 사유, 행동의 양식(생활방식) 중에서 유전에 의하는 것이 아니라 학습에 의해서 소속하는 사회(협동을 학습한 사람들의 집단)로부터 습득하고 전달받은 것 전체를 포괄하는 총칭이다.[12] Kroeber & Kluckhohn(1952)은 다양한 성격을 가진 164개의 문화의 정의를 찾아내어 이를 기술적, 역사적, 규범적, 구조적, 심리적, 발생학적 차원에서 분류한 바 있다.[13] 따라서 문화란 도구, 생활용품, 다양한 사회집단을 위한 헌장, 인간의 아이디어와 기술, 신념 및 관습 등의 총합적 전제로서, "한 집단의 모든 생활 영역을 포괄하는 총체적 생활양식"이다.[14]

문화는 그 사회가 직면하였던 환경에 적응하며 발전시켜 생활하였던 방식을 반영한다. 따라서 문화는 사회적으로 학

---

11) 박효식, 국제경영학(한올출판사, 1998), p.59.
12) 두산백과사전.
13) A. L. Kroeber, & C. Kluckhohn, Culture: A Critical Review of Concept and Definitions. Harvard University, Press. p.5, 1952.
14) B. Malinowski, A Scientific Theory of Culture. Oxford University Press, 1948.
   최협, "한국 문화의 연구와 그 방법", 정신문화연구, 제21권 제2호. 한국정신문화연구원, 1998, pp.22~23.

습되고 사회 구성원들 간에 공유되기 때문에 욕구충족의 기준이 되고 행동의 규범을 제공한다고 말할 수 있다. 문화학자인 Raymond Williams는 문화를 더 세분화하여 세 가지로 정리하였는데 첫째, '지적·정신적·심미적인 계발의 일반적인 과정'으로 물질문명과 반대되는 정신문화를 일컫는다고 했으며 둘째, '한 인간이나 시대 또는 집단의 특정한 생활양식'으로 일상적 생활을 말하며 셋째, '지적인 작품이나 실천행위(Signifying Practices) 특히, 예술적인 활동'으로 미술, 음악, 문학, 영화, 건축, 의복, 음식을 말한다고 했다.

결국, 문화란 사회생활의 여러 수준을 거쳐 계층을 이루면서 형성되고 그 가운데 사회 전체 집단의 가장 일반적인 생활과정을 통해서 생성·진화되는 사회문화이다. 이러한 사회문화의 범위 안에서 다양한 하위문화(Subcultures)가 형성되는데, 기업문화도 이런 하위문화의 한 부분이다.[15]

또한 문화를 바라보는 관점은 크게 네 가지로 구분된다.[16]

첫째, 진화론적 관점이다. 서구인들은 비서구와 접촉하면서 서구사회를 과학적이고 이성적 사고에 기반을 둔 계몽된 사회로, 비서구사회를 비과학적, 감정적 사고가 지배하는 미개 사회로 구분하였다. Morgan은 인류의 발전단계를 야만, 미개, 문명 단계로 구분하고 이 중 문명 단계를 일부

---

15) 한상복·이문웅·김광억, 문화인류학개론(서울대 출판부, 1988), pp.69~84.
16) 산업사회학회, "사회학", 한울아카데미, 2004.

일처제, 유일신, 발달된 사회조직을 갖춘 사회로서 서구를 문명사회로 보았다.

둘째, 상대론적 관점(문화상대주의)이다. 이는 서로 다른 경험을 공유하는 집단들은 서로 다른 가치와 행위 양식을 형성하기 마련이다. 지역이나 나라에 따라 다양한 문화가 존재할 수 있으며 각각의 문화는 나름대로 독특한 가치를 지니고 있는데, 이러한 상대성을 인정하는 관점을 문화상대주의라고 한다.

셋째, 비교론적 관점이다. 비교론적 시각은 서로 다른 두 집단 간의 유사성과 차이를 분석하여 보편성과 특수성을 밝히는 것이다. 이러한 과정에서 자기 문화의 특징을 더 잘 이해할 수 있고, 다른 문화에 대한 이해의 폭도 넓혀 준다.

넷째, 총체론적 관점이다. 인간의 문화는 다양한 요소들로 구성되어 있으며 서로 연관되어 있다. 그래서 각 문화 요소를 다른 요소들과 관련지어 이해하지 않으면 이해하기 어려운 경우가 많다. 그래서 특정한 문화 요소에 대한 이해는 문화의 전체적인 연관 속에서 폭넓게 이해해야 한다는 시각을 총체론적 시각이라 한다.

Hofstede(1977)[17]는 문화를 집단적 현상으로 설명하면서, 함께 살거나 또는 같은 사회 환경 내에서 사는 사람들 간에 최소한 부분적으로라도 공유되고 학습되는 것으로 서로 다

---

17) Hofstede, G., "Culture and organizations", New York, McGraw-Hill, 1977.

른 그룹을 구별 지울 수 있는 정신의 집단적 소프트웨어 (software of the mind)라고 규정하고 있다.

Terpstra and David(1985)[18]는 문화란 사회구성원들의 특성을 나타내는 학습되고, 공유되며 또한 강제되는 상호 관련된 일련의 상징으로서, 구성원들의 생존에 관련된 문제의 해결책을 제공해 주기 때문에 그 문제의 해결책을 실천하는 영리단체인 기업의 존속과 성장에 지대한 영향을 미친다고 설명하면서 문화의 특성을 기업과 연관시켜 경영학적인 해석을 내리고 있다. 문화개념의 변화는[19] 그 의미의 다양성에도 불구하고 원래 정신적인 것을 가리키는 말이었다.

즉 문화는 인간의 정신을 갈고닦고 세련되게 함으로써 인간으로서의 도덕적 가치를 실현하는 활동이다. 따라서 문화는 학문이나 예술, 그리고 좀 더 구체적으로는 책이나 예술작품 — 이른바 객관적 문화 — 을 뜻하는 말이었다. 그래서 문화 생산자와 향유자는 특정계층에 제한될 수밖에 없었다.

현재는 사람이 의식적으로 하는 일은 무엇이나 문화와 관련이 있다고 보게 되었다. 이전과는 다르게 음식, 의복, 스포츠, 관광, 여행 등 신체와 관련된 일도 모두 문화 속에 포함된다. 여기서 사람이 의식적으로 하는 일을 모두 문화

---

18) Terpstra, V. and K, David, "The Cultural Environment of international Business", 2nd ed., Cincinnati Ohio: South-western Publishing Co.
19) 정갑영 외 2인, "문화와 사회발전의 관련성 연구", 한국문화관광정책정책연구원, 2006.

란 말로 표현할 수 있게 된 것은 문화개념이 정적인 개념에서 동적인 개념으로 바뀌게 되었음을 의미한다.

Herder는 문화를 일차적으로 정신의 도야, 정신의 형성으로 보면서도, 여기에서 일보 전진해서 인류의 문명화, 개화, 계몽, 인간화 혹은 문명화의 일정한 단계로 보았다. 여기서 비로소 객관적인 문화, 즉 인간 정신의 산물로 나타난 문화(언어, 역사, 풍습, 종교 등)에 대한 개념이 형성되었다고 할 수 있다. 이러한 의미에서 문화는 크게 세 가지 의미를 갖는다.

첫째, 문화는 인간정신의 산물을 일컫는다.

둘째, 문화는 인간의 제2의 탄생이다. 인간은 자연을 통해 태어나고 문화를 통해 다시 태어난다. 자연적 상태의 인간은 동일하지만 문화발전의 정도에 따라 구별될 수 있다. 하지만 이 구별조차도 정도의 구별에 지나지 않는다.

셋째, 문화의 목표는 인류 공동체의 실현, 인류 공동체가 자유롭고 평화롭게 예술과 학문, 법률과 종교를 충분하게 개발하면서 자유롭고 평화로운 삶을 누리게 된다. 이런 의미에서 문화는 계몽과 동의어로 이해된다.[20] 문화는 자연적으로 주어진 것을 변형하는 인간의 의식적인 활동을 모두 포괄하는 것이다.

자연 그대로의 상태를 의도적으로 변형하고 가꾸어 일정한 형태를 부여하는 활동과 그 활동으로 인한 결과를 모두

---

20) 강영안, "문화개념의 철학적 배경", 한국철학회, 봄 정기 학술발표회, 1994.

문화라 할 수 있다. 하지만 자연과 인간의 관계는 고정된 형태로 주어져 있는 것이 아니기 때문에 의도적인 노력을 통해 늘 새롭게 다시 조정되어야 한다. 문화는 그와 같은 조정의 과정이며 결과이고 동시에 수단과 전략으로 쓰일 수 있다. 이러한 의미에서 문화는 인간에게 하나의 운명이 아니라 오히려 인간이 지닌 가능성이고 인간이 스스로 책임져야 할 과제이다.[21] 결국 문화란 인간의 경작 혹은 재배 행위로부터 비롯되어 자연 상태의 어떤 것에 인간적인 작용을 가하여 그것을 변화시키고 새로운 것을 창조해 내는 것이 문화다. 그래서 가장 넓은 의미에서 문화는 자연에 대립되는 개념이라고 할 수 있고, 인간이 이루어낸 모든 역사의 산물 그 전체를 가리킨다. 거기에는 정치나 경제, 법과 제도, 문학, 예술, 도덕, 종교, 풍속 등 모든 인간적 산물이 포함된다.[22]

2. 문화마케팅의 개념

가. 문화마케팅의 출현 배경

문화마케팅의 기원을 살펴보면 로마시대로까지 거슬러

---

21) R. Williams, culture is ordinary, in studying culture, A. Gray & J. McGuigined, Edward amold, 1993.
22) 김창남, "대중문화의 이해", 한울아카데미, 1998.

올라간다. 율리우스 카이사르의 양자였던 가이우스 옥타비아누스(Gaius Octavianus, B.C.63 – A.D.14)는 경쟁자들을 물리치고 로마 초대 황제인 아우구스투스(Augustus)가 된다.

이때 아우구스투스의 곁에서 조언을 아끼지 않으며 로마의 태평성대를 이끌었던 사람이 가이우스 마에케나스(Gaius Maecenas, B.C.67 – A.D.8)였다. 마에케나스는 호라티우스, 베르길리우스, 프로페티우스 같은 당대의 문예가들을 보호 및 후원하며 로마 시민으로부터 큰 존경과 명성을 얻었다.

또한 중세 유럽의 르네상스시대에는 피렌체 지역을 거점으로 엄청난 상업자본을 축적한 메디치 가문이 있었는데 그들은 외교와 상업에 뛰어난 수완을 보였으며 메디치가의 당주인 코시모 데 메디치(Cosimo di Giovanni de' Medici, 1389 – 1464)는 도나텔로, 마키아벨리, 미켈란젤로, 레오나르도 다빈치를 비롯하여 조각가, 건축가, 화가, 작가, 사상가들을 사택에서 머물게 하고 적극적으로 지원하며 르네상스시대 구축에 지대한 공헌을 했다.

〈그림 2-1〉 Pontormo, *Portrait of Cosimo de Medici*

위와 같은 마에케나스와 코시모 데 메디치의 문화지원 사례처럼 예술·문화·과학·스포츠에 대한 지원뿐만 아니라, 사회적·인도적 차원에서 이루어지는 공익사업에 대한 지원 등 기업의 모든 지원 활동을 포괄적으로 의미하는 것이 바로 메세나(Mecenat)이며[23] 문화마케팅의 시초라 할 수 있다.

나. 문화마케팅

문화가 화두로 떠오른 이 시대에 문화가 각광받는 이유를 <표 2-1>에서 설명할 수 있으며 또한 학자들의 주장에 따르면 코펜하겐 미래학 연구소장인 Rolf Jensen은 "정보

---

23) 한국문화예술진흥원, 1993.

사회 다음은 꿈의 사회이며, 이미 시작되었다. 꿈의 사회에서는 상품을 사고파는 것이 아니라, 상품에 든 꿈을 사고팔게 된다. 꿈은 이야기이고 문화다.”라고 말했다. 유형적인 요소의 거래가 중요한 것이 아니라 개개인의 감성 충족이 앞으로나 지금은 상품의 중요한 가치라고 말할 수 있을 것이다. 유러피언 드림의 저자 Jeremy Rifkin은 “산업생산시대가 가고 문화생산시대가 오고 있다. 앞으로 각광받을 사업은 전처럼 상품과 서비스를 파는 사업이 아니라 다양하고 광범위한 문화적 체험을 파는 사업이 될 것이다.”라고 말했으며 이것은 제품에 문화가 체화되어 있는 상품이 각광받을 것이라는 것을 의미하며, 메가트렌드의 저자 John Naisbitt는 “21세기는 창의성의 정수인 예술과 문화의 융성으로 역사상 가장 풍요롭고 가치 있는 삶을 영위할 것이다.”라고 했듯이 21세기는 문화라는 것이 사회 전반에 걸쳐 중요한 화두인 것은 분명하다.

〈표 2-1〉 사회 변화에 따른 이슈[24]

사회형태	생산수단	생산형식	비교우위	경영방식	국력원천
농업사회	토지	소품종소량	협조	협조	군사력
산업사회	기계	소품종대량	규모	표준화	정치력
정보사회	컴퓨터	다품종소량	범위	정보화	경제력
창의성사회	아이디어	다양과 고유	창의성	연결망	문화력

---

24) 노무라연구소, 2000을 참고로 연구자가 재구성.

이러한 상황에 비추어볼 때 기업이 소비자와의 커뮤니케이션을 위해 문화예술을 마케팅에 접목시킨 것은 그리 오래되지 않은 일이다. 기업이 소비자와의 의사소통을 위해 '문화'라는 화두를 사용하게 된 것은 깊이 생각해 보지 않아도 소비자가 원하는 요소가 문화적 요소로 변화하였기 때문일 것이다. 기업은 소비자가 원하는 것이면 무엇이든지 지속 가능한 경영을 위해 소비자의 욕구를 충족시켜야 하기 때문일 것이다.

일반적으로 문화마케팅은 '문화를 활용한 마케팅(Culture for Marketing)'과 '문화를 위한 마케팅(Marketing for Culture)'으로 <표 2-2>와 같이 구분된다. 일반기업의 문화지원 및 문화경영이 전자에 해당되며, 문화산업의 자체의 마케팅 활동은 후자에 해당할 것이다. 이러한 두 가지 관점의 문화마케팅은 서로 다른 목적을 추구하는 활동이지만 기업과 문화의 상호 호혜적인 관계를 통해 모두 윈-윈(win-win)한다는 측면에서 의의를 찾을 수 있다. 그중에 '문화를 활용한 마케팅'의 사례인 '사랑티켓'에 대해서 이야기해 보겠다. "문화로 여는 미래, 예술로 나누는 행복"이라는 슬로건 아래 서울 지역을 대상으로 1991년부터 시작된 사랑티켓사업은 2001년부터 전국으로 확대되어 운영되고 있으며, 초기에는 서민들을 대상으로 한 관객개발을 목적으로 하였으나, 2008년부터는 제도를 일부 개선하여 소외계층의 관람활동을 집중 지원하는 활동을 하고 있다. 사랑티켓은 미래의 잠재관객을 개발함으로써 아름다운 미래를 열어가기 위하여 문화를 통한 나눔을 실천하고 있다. 이러한 나눔은 복권기금 이외에 기업의 협찬과 기부를 통해서도 이루어지며 다양한 문화주체들의 협업을 통해 문화예술의 미래를 가꾸어 가고 있다.[25] 다른 관점인 '문화를 위한 마케팅 활동'의 사례인 'SK그룹'을 살펴보도록 하겠다. SK그룹은 지난 2001년부터 '1사 1문화운동'을 공식 제의함으로써 한국 문화 상품의 진출을 통해 기업의 상품이나 서비스가 해외에서 제대로 평가받을 수 있다는 믿음을 다른 기업에게도 확산시키고 있다. SK는 '1사 1문화'로 국악을 선정해 지원해 오고 있는데, 이는 국악이 경쟁력 있는 분야이지만 가장 낙후되어 있어 지원 시 해외시장개척 등의 효과가 있기 때문이다.

SK의 정보통신이미지를 진취적이고 실험적인 이미지로 가져가기 위해 디지털 미디어아트 분야도 적극 지원하고 있다. 함께 모바일 아트 분야도 지원하고 있는데 'ting concert' 개최를 비롯해 각종 공연이나 콘서트를 후원하고 있으며 모바일 영화도 제작한다고 한다. 한편 중국에서는 'SK장웬방'이라는 이름의 장학퀴즈 프로그램을 통해 공익성과 고객친밀도를 높이는 효과를 보고 있다.[26]

---

25) http://www.sati.or.kr/about/intro.asp
26) 현소은, "21세기의 가능성, 문화마케팅에 대하여(2)", 한국마케팅연구원, 2005.

<표 2-2> 문화마케팅의 두 가지 형태

구분	문화를 위한 마케팅 (Marketing for Culture)	문화를 활용한 마케팅 (Culture for Marketing)
개념	더 많은 사람이 더 많은 문화를 접촉하도록 하는 각종 프로그램과 활동, 즉 문화예술단체에서 자신의 단체를 알리거나 프로모션 등을 하는 활동.	문화를 활용해 재화나 서비스, 기업의 이미지 등을 격상시키고자 하는 활동, 즉 기업이 마케팅의 수단으로 문화를 활용하는 것.
배경	'삶의 질' 차원에서 '생활복지', '문화복지'의 중요성이 강조되는 현실.	감성마케팅과 새로운 성장 동력으로서 아트 웨어(artware)의 등장, 명품(名品) 분위기.
주요주체	제작 및 기획사, 정부나 재단 등 후원 협력 그룹.	기업 등 재화나 서비스 생산주체
주요전략	접근성 제고: 경제적, 심리적 문턱 낮추기, 기호층 형성: 문화교육.	재화나 서비스에 예술작품 반영, 예술후원, PPL(Product Placement).
주요사례	찾아가는 예술 활동, 사랑티켓, 사랑의 객석 나누기.	기업메세나, 1사1문화운동, 쌈지그룹.

〈그림 2-2〉 사랑티켓27)

〈그림 2-3〉 쌈지그룹의 쌈지싸운드 페스티벌28)

그렇다면 기업이 문화예술 코드를 마케팅에 활용하는 가장 큰 이유는 무엇일까? 영국의 Arts & Business(A&B)는 기업이 문화예술을 지원(투자)하는 주요 동기를 '기업이미지의 전략적 관리'로 분석한다.29) 즉 기업 인지도 제고, 기업

---

27) http://www.sati.or.kr/about/intro.asp
28) http://www.ssamziesoundfestival.com/2009ssf/index.html
29) 김소영, "기업이미지와 문화예술", 「한국문화정책개발원 http://www.kcpi.or.kr」.

이미지 제고, 부정적 이미지 개선, 경쟁자와의 차별적 이미지 창출 등이 문화예술지원(투자)의 주요 동기라는 것이다.[30]

또한 호주의 AFCH(Australia Foundation for Culture and the Humanities)는 기업의 문화예술 지원 동기를 기업 측면에서는 기업인지도 제고, 브랜드 측면에서는 브랜드 인지도와 선호도의 증대, 종업원 측면에서는 종업원의 만족도 증가로 분석하고 있다.[31] 현대 기업의 마케팅 전략의 하나로서 기업문화마케팅의 패러다임 변화는 반대급부를 원하지 않는 자선적 관점(Philanthropy)에서 마케팅관점(Sponsorship)으로 현재는 문화 투자적 관점(Partnership)으로 변화하고 있으며 메세나 중심의 지원활동(비영리적인 기업의 사회공헌 활동 중점)에서 메세나에 마케팅 개념 접목(공익적 측면과 상업적 측면 통합)으로 구체화되고 있다. 메세나를 의미하는 용어들은 조금씩 의미가 다르지만 일반적으로 <표 2-3>과 같은 형태로 쓰이기도 한다. 기업의 문화마케팅 역사는 메세나에서 유래되었으며 국가별 메세나 추진 주체는 <그림 2-4>와 같이 설명된다.[32]

---

30) 정석순, "기업의 문화마케팅이 브랜드자산 형성에 미치는 영향", 중앙대학교 신문방송대학원 석사학위논문, 2003.
31) 김소영, 전게서.
32) www.mecenat.or.kr, "창조적 경쟁력을 위한 중소기업 문화마케팅 세미나" 자료 참조.

〈표 2-3〉 메세나 유사 용어 정의[33]

용어	정의
필랜스로피 (Philanthropy)	인도주의적 정신에 근거하여 베풀어지는 헌납이나 인도주의적 목적을 위해 자금을 나눠주는 기관으로 정의한다. 박애주의, 공리주의가 이 용어의 핵심개념이다.
패트로니지 (Patronage)	넓은 의미에서 보호자, 옹호자로 쓰이며, 아버지를 의미하는 로마어 파테르(Pater)로부터 기원하여, 패트론(Patrone)이 되는 상태를 말한다. 미술에 적용되면 예술가의 부유하고 영향력 있는 후원자를 의미한다.
스폰서십 (Sponsorship)	타인의 채무를 변상하는 책임을 진 사람을 가리키는 고대 로마의 법률 용어인 스폰서스(Sponsus)에서 유래한다. 영국의 기업 메세나협의회인 (A&B)에서 스폰서십을 "기업명, 상품 또는 서비스를 선전할 목적으로 예술단체에 기업이 지불하며 금전 또는 현물이나 서비스의 제공"으로 정의하고 있다. 유럽의 경우 스폰서십은 주로 기업의 마케팅 전략의 일환으로 스포츠 행사나 TV프로그램에 협찬하는 것을 지칭하며 상업적인 반대급부를 지나치게 강조한다는 뉘앙스를 갖고 있다.
파트너십 (Partnership)	호혜주의와 상호이익은 파트너십에 담긴 본질을 나타내는 핵심적인 개념이다. 오늘날 기업과 예술의 관계는 초기는 공리적이고 박애적인 수직적 차원이라기보다는 동등한 관계를 통해 상호이익을 추구하는 파트너십은 오늘날 기업의 메세나 활동을 이해하는 데 있어서 매우 중요한 개념이다.

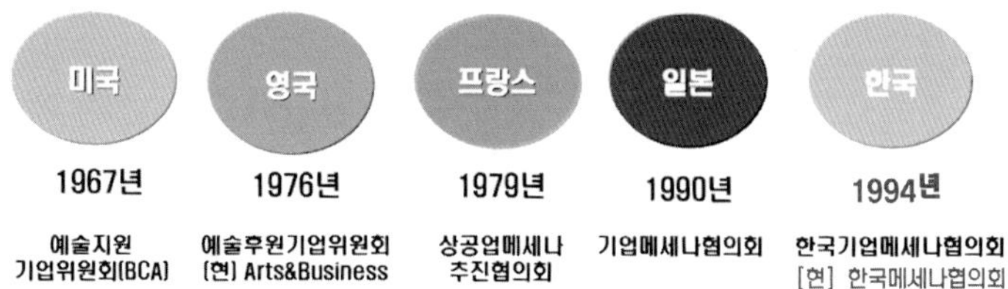

〈그림 2-4〉 국가별 메세나 추진 단체[34]

최근 영화, 공연, 음악, 콘텐츠 등과 같은 문화 산업의 성장과 더불어 문화 마케팅이 주목받는 이유를 다음 몇 가지

---

33) 홍영준, "새로운 기업 커뮤니케이션 전략", 금강기획 마케팅 전략연구소, 2001, p.8.
34) www.mecenat.or.kr, '창조적 경쟁력을 위한 중소기업 문화마케팅 세미나' 자료 참조.

로 요약하여 설명하고자 한다.

첫째, 기업의 문화예술 지원 활동은 대상 고객과 활동의 목표가 명확할 경우 기업이미지 제고에 효과적이다.

둘째, 소비자들은 경제적 소비자로서뿐만 아니라 문화적 소비자로서도 중요해지는 추세이다. 최근의 소비자들은 감성적 욕구와 상징적 욕구를 충족시키고 독특한 소비 경험을 제공해 줄 수 있는 상품을 선호한다.

셋째, 기업이 해외 시장에 진출하는 데 있어서 문화예술은 언어의 장벽을 넘을 수 있는 효과적인 수단이 된다.

앞서 말했듯이 기업이 문화예술 코드를 마케팅 활동에 활용하고자 한다면 다음과 같은 사항에 유의해야 한다.[35]

첫째, 장기적이고 지속적으로 운영을 계획하라.

둘째, 한 부서에서 담당해야 하며 예술 분야의 전문가를 포함하라.

셋째, 소비자에게 무엇을 말하고 싶은지를 먼저 결정하라.

넷째, 전하고 싶은 메시지가 경영 콘셉트와 일치하는지 확인하라.

다섯째, 통합적 이미지로 진행하라.

여섯째, 감성적이고 체험적으로 운영하라.

일곱째, 효과를 측정하고 소비자 의견을 반영하라. 당장

---

35) 남정숙 외 3인, 문화기업의 비밀(서울: 한국메세나협의회, 2008), p.123을 참고로 재구성.

눈에 보이는 경제적 이익은 없을지라도 기업이미지 나아가 브랜드이미지 제고를 통해 미래의 고객을 확보하기 위해서는 지속적인 노력이 필요하기 때문이다. 따라서 단기적 매출 증대를 위한 일회성 사은 행사로 그친다면 투자한 금액 대비 효과는 미미할 것이고 대외 신인도 확보 면에서도 그다지 큰 성과를 거둘 수 없다.

〈표 2-4〉 기업의 문화예술지원(**Mecenat**) 효과[36]

기업 정당성	시장우위	종업원 혜택
• 기업 활동 용이성 증대 • 기업 이미지 제고 • 투자유치 가능성 강화	• 매출증대 • 기업인지도 제고 • 고객 유지 • 가격 프리미엄 획득	• 생산성 증대 • 모집 및 채용 • 네트워킹 • 조직문화 고양

다. 전통적 마케팅과 문화마케팅의 비교

전통적인 마케팅은 대체로 기능상의 특징과 편익에 초점을 맞추고 있다. 다시 말해 전통적 마케팅에서 무엇보다 중요한 기능은 F&B(Feature & Benefit)에 소구(Appeal)하는 마케팅이다.[37]

또한 전통적 마케팅은 제품의 범주와 경쟁 범위를 좁게 정의하고, 소비자의 정보 처리과정을 이성적 처리과정으로

---

36) AFCH & Arthur Anderson, 1999, "Making Arts & Culture Work in Business"

37) Bernd H. Schmitt, 박성연 · 윤성준 · 홍성태 역, 「Experiential Marketing」(서울: 세종서적, 1992), pp.38~44.

가정하며, 언어적 분석적인 도구를 사용한다는 특징들을 가지고 있다. 이러한 것들은 한 가지 기본적인 가정으로 귀결될 수 있는데, 바로 제품은 기능적 특징과 편익의 관점에서 기술되어야 한다는 것이다.

F&B 마케팅 때문에 전통적인 마케터들은 제품의 범주와 경쟁 범위를 좁게 정의하고 소비자들을 단지 이성적인 정보처리자로 간주한다.[38] 문화마케팅의 특성은 전통적 마케팅의 요소인 4P(Product, Price, Place, Promotion)와 비교할 때 <표 2-5>와 같이 뚜렷한 차이가 나타난다.

<표 2-5> 전통적 마케팅과 문화마케팅의 비교[39]

마케팅 전략의 4P	전통적 마케팅	문화마케팅
Product(제품)	편익과 기능을 강조	이미지, 판타지, 느낌강조
Price(가격)	합리적 가격 또는 할인가 적용	문화 프리미엄 부가
Place(장소)	대형, 전문 유통매장	문화 공간 등으로 유통
Promotion(홍보)	미디어 광고, 입소문 등	문화이벤트, 직접체험

라. 우리나라의 기업문화마케팅 활동 현황[40]

한국메세나협의회 2007년도 연차보고서[41]에 의하면 2006년 우리나라 기업의 문화예술 지원규모는 2006년(1,840억 1

---

38) 정석순, 전게서, 참고로 연구자가 재구성.
39) 심상민, 전게서.
40) 한국메세나협의회, "2004, 2005, 2006, 2007 연차보고서" 참고로 재구성.
41) 2008년 7월 현재.

천만 원) 대비 1.96% 증가한 1,876억 3천만 원으로 집계되었다. 이는 총 403개 기업[42]에서 지원한 2,402건의 사업에 지출한 금액으로서, 기업 자체지원금 1,824억 9천5백만 원과 한국문화예술위원회 기부금 51억 3천5백만 원의 합산금액이다. 2007년 기업의 문화예술단체에 직접 지원 및 한국문화예술위원회 기부를 통한 간접 지원을 합한 총 지원건수는 2,402건으로 집계되어 전년 대비 24.7% 감소한 것으로 나타났다. <표 2-6>는 기업들의 전반적인 문화예술 지원횟수는 줄었지만 지원 금액은 증가했음을 보여주는 수치이다. <표 2-7>을 볼 때 문화예술 지원도 재단을 통해 많이 이루어지며 지원 재단의 순위가 큰 변동이 없는 걸로 봤을 때 장기적으로 지원이 이루어진다고 볼 수 있다. 또한 <표 2-8>과 같이 문화예술지원 규모 상위 10개 집단을 봤을 때에도 대기업을 중심으로 문화예술지원이 활발히 이루어지고 있는 것을 알 수 있다.

〈표 2-6〉 2007년도 기업의 문화예술 지원현황[43]

구분	2005	2006	2007	전년대비
지원 기업 수	298	363	403	▲11.02%
지원건수	2,816	3,182	2,402	▲24.50%
지원 금액(만 원)	180,060	184,018	187,630	▲1.96%

42) 한국메세나협의회 직접 조사 결과 지원 실적이 있는 109개 기업＋한국문화예술위원회에 기부한 254개 기업(직접 지원 실적과의 중복 제외).
43) 2008년 7월 현재.

그러면 기업들이 문화예술 활동에 대한 지원의 필요성을 검토하기 전에 어떠한 문화예술 분야를 지원 대상으로 해야 하는지 특성을 검토하는 것이 중요하다. 그러나 기업이나 정부의 지원은 사회적 행위이므로 사회적으로 판단하여 일정한 기준을 넘는 분야에 지원을 해야만 사회적으로 추인

〈표 2-7〉 2007년도 문화예술 지원 상위 5개 재단[44]

순 위	2006년	2007년
1	삼성문화재단	삼성문화재단
2	LG연암재단	LG연암재단
3	금호아시아나문화재단	금호아시아나문화재단
4	가천문화재단	CJ문화재단
5	대산문화재단	가천문화재단

〈표 2-8〉 문화예술지원규모 상위 10개 집단[45]

순위	기업명			
	2007년	2006년	2005년	2004년
1	현대중공업	현대중공업	현대중공업	현대중공업
2	삼성테스코	삼성테스코	포스코	대한생명보험
3	SK텔레콤	현대자동차그룹	한화그룹	SK텔레콤
4	한화그룹	SK텔레콤	SK텔레콤	포스코
5	포스코	포스코	길 의료원	한국수자원공사
6	현대자동차그룹	현대백화점	삼성전자	삼성전자
7	KT	한국전력공사	삼성화재	우리은행
8	KT&G	한화그룹	현대백화점	교보생명보험
9	삼성전자	길 의료원	교보생명보험	현대백화점
10	삼성화재보험	KT	한국전력공사	한국전력공사

---

44) 2008년 7월 현재.

받을 수 있고 궁극적으로는 사회에 공헌하는 것이 되기 때문에 기업의 입장에서는 사회적으로 인정되지 못하는 분야에 대한 지원은 문제가 된다. 또한 기업의 입장에서는 사회적으로 인정되지 못하는 분야에 대한 지원은 기업에 도움이 되기보다는 손해를 끼칠 우려가 있기 때문에 신중해야 한다. 기업이나 정부의 지원을 받는 문화예술 활동은 적어도 다음과 같은 성격을 갖는 것이어야 한다.[46]

첫째, 문화예술로써 갖는 탁월성이다. 즉 다른 것에 비해 뛰어난 점이 있어야 한다는 것이다.

둘째, 보전할 만한 가치가 있는 것이어야 한다.

셋째, 대중이 접근할 수 있는 문화예술 활동이어야 한다. 대중이 접근하기에 용이하지 않거나 폐쇄적인 문화예술 활동은 정부나 민간부분에서 지원할 명분이 적어진다.

넷째, 창안적인 문화예술 활동이어야 한다. 즉 기존의 문화예술 활동에 대해 발전적인 변화를 도모할 수 있는 것이어야 한다. 이러한 기준으로 지원 분야에 대한 명분을 가질 수 있고, 또한 인류의 문화예술은 이러한 창안적 도전에 의해 발전되어 왔다.

다섯째, 다원주의와 다양성에 입각하여 문화예술의 획일

---

45) 2008년 7월 현재.

46) Paul j. Dimaggio, Can Culture Survive the Marketplace? P. J. Dimaggio(ed.) Nonprofit Enterprise in the Art. (Oxford: Oxford Univ. Press, 1986), pp.67 ~70.

성을 견제할 수 있는 것이어야 한다.

여섯째, 대중이 참여할 수 있는 것이어야 한다. 이것은 대중이 단지 접근하여 보고 들으면서 즐기는 것이 아니라 직접 참여하여 문화예술 활동을 같이할 수 있어야 한다는 것이다. 즉 대중이 문화예술을 소비할 뿐만 아니라 생산할 수도 있어야 한다는 것이다.

마. 문화마케팅의 5가지 유형

문화예술 지원활동이 기업들에게 주목받기 시작한 지 얼마 되지 않았고 지금 현재 이론 정립에 관한 논문들이 다수를 차지하고 있는 상황이다. 그래서 선행연구에서 밝힌 문화예술 지원 활동으로 인한 효과에 대한 구체적 실증연구가 부족한 것이 사실이다. 이러한 상황에서 문화마케팅의 개념을 정리하는 것보다는 실증연구가 다양하게 이루어져 기업이 문화마케팅에 적극적으로 참여하여 문화마케팅이 활성화되도록 연구하는 것이 중요하다.

한국메세나협의회에서는 사회공헌 전략(메세나, 문화공헌), 마케팅 전략(스폰서십, 파트너십), 경영전략(조직문화, 기업문화) 등 3가지로 기업의 문화마케팅을 구분하고 있지만, 기존 우리나라의 선행연구에서 연구된 문화판촉, 문화지원, 문화연출, 문화기업, 문화후광 중 3가지 유형에 대하여 실증연구를 하고자 한다. <표 2-9>와 <그림 2-5>를 바탕으로 본 연구에서는 문화판촉, 문화지원, 문화기업 3가지 유형을 중심으로 연구하고자 한다.

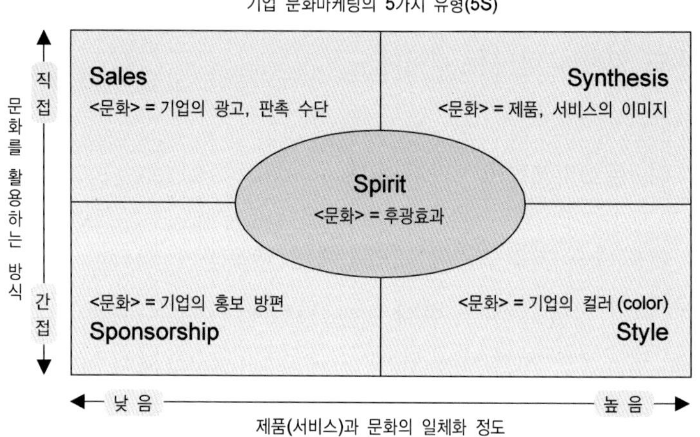

〈그림 2-5〉 기업문화마케팅의 5가지 유형[47]

〈표 2-9〉 문화마케팅의 유형: 5S[48]

문화판촉	Sales	문화를 마케팅 수단으로 광고나 판매촉진에 활용.
문화지원	Sponsorship (Mecenat)	자사를 홍보하거나 이미지를 개선하고자 하는 문화 활동. 단체를 지원.
문화연출	Synthesis	제품(서비스)에 문화이미지를 체화해 차별화.
문화기업	Style	새롭고 독특한 문화를 상징하는 기업으로 포지셔닝.
문화후광	Spirit	국가의 문화적 매력을 후광효과로 향유.

---

47) 심상민, 전게서. p.3 내용을 인용하여 재구성.
48) 심상민, 전게서. p.3 내용을 인용하여 재구성.

a. 문화판촉 – 문화를 마케팅 수단으로 광고나 판매촉진에 활용.

문화판촉은 광고나 판매촉진의 수단으로 문화를 활용하는 것으로 문화적 이미지를 제품 혹은 기업의 이미지와 연관시켜 광고·홍보와 제품 판매에 이용하는 것이다. 문화판촉의 사례로는 <표 2 – 11>에서 찾아볼 수 있다. 문화판촉에서의 문화적 이미지와 대상의 이미지는 기업의 상징적 선택이나 목적에 의해 선택되기 때문에 기업과 문화의 양자 간 연관성이나 관계는 자의적이다. 그렇기 때문에 문화판촉은 기업의 목적이나 상품의 타깃에 따라 문화적 수단이나 방법을 달리할 수 있다. 이렇게 유동적이고 다양한 활용이 가능하다는 것은 마케팅의 효율성 측면에서 큰 강점으로 작용한다. 또한 문화를 활용하는 방식이 다른 문화마케팅의 유형에 비해 보다 적극적이며 직접적이어서 소비자들이 피부로 쉽게 느낄 수 있다.[49]

미국 마케팅 협회(America Marketing Association)가 내린 정의에 의하면 판매촉진은 제품의 사용과 소비자 수요를 자극하기 위해서 또는 세품의 효용을 증진시키기 위해 인적 판매(Personal Selling), 광고(Advertising), 홍보(Public Relations) 등을 제외한 고객의 구매나 유통업자의 효율성을 자극하는

---

49) 심상민, 전게서.
　　권선희, "한국기업의 문화마케팅 도입방안", 단국대 산업경영대학원 석사학위논문, 2003.

마케팅 활동으로서 고객이나 중간상에게 제품을 구입하도록 설득하는 데 사용되는 모든 활동을 의미한다.[50) 또한 Kotler(1997)에 의하면 판매촉진은 제품이나 서비스의 판매와 구매를 장려하기 위한 단기적인 유인책이라고 할 수 있다. 그는 판매촉진이 다양한 유인책의 집합체로서 소비자 혹은 중간상에게 단기적으로 특정한 제품에 대해 보다 빠르게 구매를 자극하기 위해 설계되었다고 하였다.[51)

즉 판매촉진은 단기성과 자극성을 특징으로 하는 마케팅 활동이라는 것이다. 판매촉진을 사용하는 가장 큰 이유는 무엇일까? 얼마 전부터 판매촉진의 비중이 광고에 비해 높아져 가고 있다. 이것은 광고비 상승, 광고 매체의 혼란, 광고에 대한 법적 규제 등으로 광고의 효율이 점차적으로 하락하는 반면, 판매촉진은 소비자라든가 그 이외의 구체적 목표물에 대해 촉진 방법을 다양하게 할 수 있으며 충성스러운 고객에 대한 보상이 가능하고 또한, 상습 구매자들의 재구매율을 높여 준다는 점에서 판매촉진의 비중상승을 설명할 수 있다.[52) 즉 소비자 측면에서의 판매촉진은 첫째, 가격할인을 이용해 소비자들의 시험구매(Trial)를 유도하여 반

---

50) 김필구, "판매촉진활동이 소비자 구매행동에 미치는 영향에 대한 연구", 한양대학교 경영대학원 석사학위 논문, 2000, p.10.
51) 이성근·이차옥, 「프로모션 에센스」(서울: 무역경영사, 2001), p.226.
52) 최윤석, "세일즈 프로모션에 대한 인지적 평가 및 구매행동에의 영향", 중앙대학교 신문방송대학원 석사학위 논문, 1994, p.6.

복구매, 재구매(Repeat Purchasing)로 연결시켜 준다. 둘째, 경쟁제품 구매자로부터의 상표전환(Brand Switching)을 초래한다. 이를 통해 구매 가속화(Purchase Acceleration)가 이루어지며 제품 범주의 총 소비량이 증가하는 범주 확장(Category Expansion)이 일어난다.[53]

판매촉진의 영역은 매우 광범위하여 분류하는 방법에 따라 학자들 사이에서 수없이 논쟁되어 오고 있는 부분 중의 하나이다. 그러나 통상적으로 아래 <표 2 - 10>과 같이 분류할 수 있다.

〈표 2 - 10〉 판매촉진의 매체·수단별로 분류[54]

장소형 S. P (Sales Promotion)	- 옥외광고(교통광고포함), 영화 슬라이드 광고(극장광고).
기능형 SP	- 샘플링형 SP: 샘플링, 모니터, 데몬 스트레이션. - 프리미엄 SP: 언·인·니어 팩 프리미엄, 용기 프리미엄, 자기정산프리미엄, 응모추첨프리미엄, 즉석당첨 프리미엄, 콘테스트. - 제도형 SP: 스탬프, 회원제도, 서비스제도. - 유통형 SP: 유통형 데몬 스트레이션, 유통형 프리미엄, 유통형 콘테스트, 유통형 서비스 제도, 증량기획, 보상금제도, 중점판매 거점기획.
직접형 SP	- DM광고, 텔레마케팅(텔레프로모션), 카탈로그 광고, 접지광고.
진시형 SP	- POP 광고.
뉴미디어형 SP	- CATV, 비디오텍스, 문자방송, 인터넷, 위성방송.
비즈니스형 SP	- 캐릭터 비즈니스.
기타 SP	- 노열티 등.

---

53) Massy, Willian F. and Ronald E. Frank, "Short Term Price and Dealing Effect in Selected Marketing Segments", Journal of Marketing Research,2 (Nay), 1965, pp.171～185.
54) 김희진, 「세일즈 프로모션의 이론과 전략」(서울: 한국광고연구원, 1999), p.38.

〈표 2-11〉 문화판촉 사례[55]

문화판촉 사례	
1. SK 텔레콤: TTL 멤버십 카드 활용.	TTL 카드를 발행하여 공연, 영화, 여행 등 각종 문화생활을 즐길 수 있도록 각종 할인혜택, TTL존 이용, 글로벌 인턴십, 유럽여행 시 게스트 하우스를 무료로 제공하고 있다.
2. 삼성전자 광고물전략.	뮤직비디오 형태의 광고 '애니모션(에릭, 이효리 주연)', '애니클럽(에릭, 이효리, 권상우 주연)'에서는 애니콜의 로고나 단어에 대한 언급이 극도로 자제되고 주인공들이 휴대전화를 쓰는 모습을 자연스럽게 삽입했다. 그리고 휴대전화벨소리, 컬러링 다운로드 등 음반계를 평정하고 있고, 뮤직비디오 형식의 광고 '애니클럽'의 시사회와 주인공의 팬 사인회도 열었다.
3. GS칼텍스 정유: 영화시사회 및 주유 포인트를 이용한 마케팅.	5년간 100여 편의 영화 시사회를 개최해 온 영화마케팅으로 판촉효과를 얻으면서 최근 충무로 스카라 극장과 장기계약을 체결하고 LG정유 고객이 날짜와 시간에 상관없이 상영 영화를 관람할 수 있도록 했다. 또한 주유 보너스카드 회원을 영화 촬영 현장에 초청하고 엑스트라 출연기회를 제공하는 한편 주유 포인트로 영화펀드를 조성해 영화제작을 돕는 등 다양한 형태로 마케팅이 확대되고 있다.
4. LG: 기업광고.	"Think New LG!"라는 브랜드 슬로건 시리즈 중 하나로 기업광고에 여성 무용수가 아닌 남자 무용수를 백조 역에 기용한 영국 매튜 본의 댄스 뮤지컬 〈백조의 호수〉를 소재로 채택하여, 고정관념을 깨고 새롭게 변화하는 LG의 역동적인 이미지를 전달함으로써 항상 새로운 모습을 추구하는 도전적인 기업으로의 변화를 강조하였다.
5. LGs: 브랜드광고에 한국화와 LG의 제품을 결합한 광고 선보임.	김홍도, 신윤복, 강희언, 이인문 등 조선 후기 화가들의 풍속도와 산수화 속에 LG의 제품들을 배치. '당신의 생활 속에 LG가 많아진다는 것은, 미래를 일찍 만난다는 것' 이라는 카피를 통해 항상 미래를 내다보며 고객의 일상생활에 새로운 가치를 제공하겠다는 LG의 의지를 표현.

---

55) 오세정 · 김흥규 전게서, 참고로 연구자가 재구성.

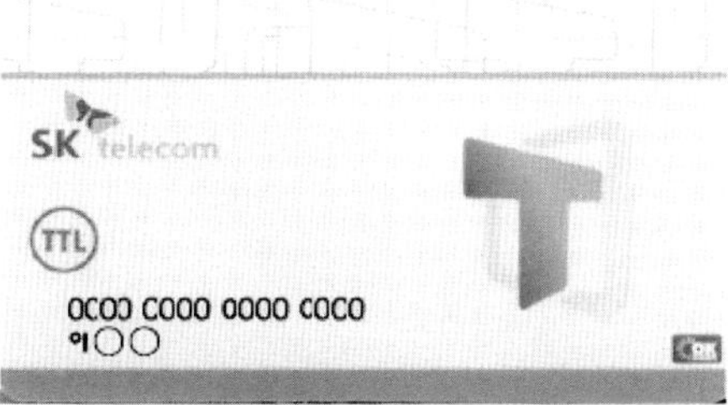

〈그림 2-6〉 문화판촉사례-1 'SK 텔레콤'[56]

〈그림 2-7〉 문화판촉사례-2 '삼성전자'[57]

〈그림 2-8〉 문화판촉사례-3 'GS 칼텍스'[58]

---

56) http://blog.naver.com/ohjeongho/10012651728
57) http://cafe.naver.com/fingering/244
58) http://www.gscaltex.co.kr/Product/Card/gs_Bonus.asp

〈그림 2-9〉 문화판촉사례-4 'LG 기업광고'[59]

〈그림 2-10〉 문화판촉사례-5 'LG 제품광고'[60]

---

59) http://news.naver.com/main/read.nhn?mode=LSD&mid=sec&sid1=117
&oid=098&aid=0000042921
60) http://blog.daum.net/bandais/1585523

광고계에서 제법 큰 이슈가 되었던 BMW의 "BMW Films – The hire" 시리즈는 BMW 자사의 홈페이지 방문자 수가 많고, 사이트에 머무는 시간도 길다는 것에 착안하여 시간에 영향을 받지 않는 광고용 영화를 제작했다. 시즌 1, 2를 통틀어 총 8편으로 구성되어 있으

〈그림 2-11〉 BMW Films – The hire[61]

며, 각 편당 10여 분 이내의 러닝타임을 갖고 있다.

이 캠페인에서 주목해야 할 점은 영화의 형식을 이용하여 광고가 제작되었다는 것을 넘어서 시리즈물들이 4개월간 110만 번이 넘게 플레이되었고, 20만 명의 사람들이 신규회원으로 등록하였으며, 결과적으로는 BMW의 판매실적까지 증가했다는 점이다. 문화의 힘을 잘 활용한 BMW의 영리함과 대담함이 빛났던 문화마케팅 사례이다.

---

61) http://www.bmwfilms.com

LG전자, 순수예술 접목한 '아트 마케팅'

· 디자인 경영철학을 반영한 신개념 제품 '아트 디오스' 예술품 반열
· 현지 문화 적극 수용하는 열린 마케팅으로 글로벌 가전시장 제패

LG전자가 글로벌 가전시장에서 새로운 강자로 부상한 데는 '디자인 경영'의 힘이 컸다. 2006년 디자인 중심의 제품개발 원칙을 천명한 이후 LG전자의 가장 두드러진 변화는 바로 '예술성'에서 나타났다. 디자인 경영철학은 '아트 디오스(Art Dios)'라는 이름의 완전히 새로운 제품 개념을 탄생시켰다. 아트 디오스는 순수예술을 가전 디자인에 접목한 제품군. 가장 큰 매력은 마치 예술품과 같은 느낌을 주기 때문에 단순한 가전제품을 넘어 인테리어 기능을 가진다는 점이다. 여러 개를 조화롭게 비치해 놓으면 주거공간 자체를 마치 '아트 갤러리'처럼 꾸밀 수도 있다. 아트 디오스 시리즈의 첫 번째 제품은 아트 디오스 모던 플라워. '꽃의 화가'로 불리는 하상림의 작품을 제품 전면에 적용한 냉장고다. 하 작가의 꽃을 은은하게 담아낸 모던 플라

워는 원작의 특징인 순수성을 살리면서 동시에 디오스 냉장고의 고급스러움과 절묘한 조화를 이뤘다는 평이다. 아트 디오스는 트롬 세탁기, 휘센 에어컨에까지 확대 적용됐다. 아트 디오스 냉장고는 출시 초기이지만 바람몰이가 심상찮다. 지난해 LG전자 양문형 냉장고의 국내 판매량 가운데 70%를 차지했으며, 유럽, 독립국가연합(CIS), 중동 등 주요 해외 시장에서도 프리미엄 냉장고로 먹혀들고 있다. LG전자는 향후 아트 디오스 디자인에 다른 현대 작가들의 작품도 단계적으로 활용한다는 방침이다. 이를 위해 예술가들과의 파트너십도 공고히 다져 나가고 있다. 특히 제품과 작품을 연계 판매하는 전시회가 눈길을 끈다. 지난해 3월 서울 현대백화점 목동점 'H갤러리'에서 개최한 '휘센이 만난 6인의 아티스트 전'에서는 휘센 신제품에 적용된 예술가 6인의 작품과 에어컨 신제품을 함께 전시하고 판매했다. 갤러리 안에서 예술작품과 에어컨에 대한 상담 및 구매를 한꺼번에 해결할 수 있는 '원스톱 서비스'를 마련한 것. 휘센 신제품에 자신의 작품이 반영된 6인의 작가는 이상민(유리조각가), 김지아나(조형예술가), 하상림(서양화가), 함연주(조형예술가), 수지 크라머(색채예술가), 빈센트 반 고흐 등이다. LG전자는 6인 중 한 명인 김지아나 작가를 초청, 직접 작품에 대한 강의를 듣는 시간을 마련해 호응을 얻기도 했다. 이처럼 가전제품 디자인에 순수예술을 접목하는 시도에 대해서는 예술계의 반응도 괜찮은 편이다. "예술과 디지털 가전이 하나가 되어 만들어진 또 다른 형태의 예술작품", "일반인들이 순수예술에 더욱 가까이 다가갈 수 있는 자연스러운 기회" 등의 견해가 많다. LG전자가 아트 디오스를 야심차게 선보인 것은 치밀한 시장조사 결과를 토대로 했다. 특히 많은 공간을 차지하는 대형 가전의 경우 한 번 구입하면 오래 사용하기 때문에 싫증나지 않으면서도 고급스러운 제품을 소비자들이 선호한다는 것. 이런 결과에 따라 수시로 바뀌는 '패션제품'이 아니라 10년을 봐도 변함없는 가치를 느낄 수 있는 '예술작품'을 개발하기에 이른 것이다.

1 - 메종오브제 행사에 전시된 디오스 샤인 냉장고
2 - 휘센 합창페스티벌

현지인들의 문화를 적극 포착하는 LG전자만의 지역특화 마케팅도 해외시장에서 돋보이고 있다. 진출국 국민들의 라이프스타일과 가치관 등을 디자인에 십분 반영한 제품을 내세워 경쟁에서 한발 앞서 가고 있는 것이다. 러시아는 소형 아파트 형태의 주거환경이 일반적이다. 비좁은 주거공간에 덩치가 큰 가전제품은 아주 비효율적이고 불편할 수밖에 없다. LG전자는 이를 감안해 위 칸에 냉장실, 아래 칸에 냉동실을 배치한 키 크고 늘씬한 '콤비 냉장고'로 러시아인들의 마음을 움직였다. 이스라엘에서는 유대인의 종교 문화를 반영해 일명 '사바스(Sabbath · 안식일)' 기능을 가진 냉장고를 판매하고 있다. 사바스 기능은 냉장고가 마치 꺼져 있는 것처럼 최소한의 가동 상태를 유지하도록 하기 때문에 소비전력을 최소화하는 장점을 지녔다. 이른바 '중동형 광파오븐'도 현지문화에 대한 세심한 통찰력과 배려가 돋보이는 제품이다. 이 오븐은 케밥이나 통닭구이 등 중동 사람들이 즐겨 먹는 음식 메뉴에 적합한 자동 멀티 회전식 조리 기기를 장착했으며 스팀 기능도 갖고 있다.

LG전자는 중동 지역의 인기 음식이 무엇인지, 그리고 그 음식을 오븐으로는 어떻게 조리할 수 있을 것인지 하는 문제를 고찰한 끝에 현지문화 친화형 오븐을 탄생시킬 수 있었다. 중동형 광파오븐은 2003년 첫 출시 이후 판매량이 10배 이상 증가했다고 한다. 깨어나는 검은 대륙 아프리카 시장에서도 그곳 실정을 충분히 감안한 제품을 내놓고 있다. 메뉴 화면을 현지 부족어로 표시하는 TV를 나이지리아에서 출시한 게 대표적 사례다. 나이지리아는 이보, 요르바, 하우사 등 3대 부족어와 영어가 함께 사용되는데, LG전자는 교육수준이 높지 않은 소비자들을 배려해 현지어 지원 기능을 갖춘 TV를 선보인 것이다. 이처럼 현지인들을 먼저 이해하는 문화마케팅 활동의 효과는 매우 크게 나타나고 있다. 현재 LG전자는 서아프리카 지역에서 에어컨, 냉장고, 홈씨어터, PDP - TV, LCD - TV 등 주요 가전제품 시장점유율이 40%를 넘으며 절대적인 1위를 고수하고 있다.

남용 LG전자 부회장은 2010년 글로벌 톱3 목표 달성을 위한 6대 전략 방향 중 하나로 '기술혁신과 디자인 차별화'를 중요하게 꼽으며, 그 기반은 바로 '고객에 대한 통찰력'이라고 강조한 바 있다. 그 통찰력의 원천은 어디에서 비롯될까? 예리한 눈, 아니면 재빠른 계산일까. 오늘날에는 바로 마음과 마음을 잇는 '문화적 공감 능력'이 가장 중요하게 대두되고 있다.62)

b. 문화지원 - 문화예술 단체 지원

문화지원은 기업을 홍보하거나 이미지 개선의 방법으로

---

62) 주간한국 김윤현 기자, "LG전자, 순수예술 접목한 아트마케팅", 2009. 01. 20.

문화예술단체의 활동을 지원하는 것을 의미한다. 이와 같은 문화지원은 문화마케팅의 가장 일반적인 방식이며, 전통적이라고 할 수 있으며, 메세나 또는 스폰서십의 개념을 통해 이해된다.

메세나는 기업이 문화예술을 지원하는 동기를 어떻게 이해하는가에 따라 크게 두 가지 개념으로 나눌 수 있다.[63]

첫째, 필랜스로피(Philanthropy) 관점의 메세나론이다. 이것은 기업의 박애정신과 사회책임의식에 호소하는 '기업시민론'이라 할 수 있다. 이 개념은 기업의 박애정신과 이해당사자(Stakeholder)들에 대한 사회적 책임을 강조하며, 주로 순수한 자선 또는 기부형태에 의존하고 있다. 문화재단, 후원회, 협회를 통하여 공연예술, 문학, 문화교육, 미술, 영상·뉴미디어 등에 대한 문화예술지원사업의 성격으로 대우재단의 아트선재센터, 현대중공업에서 건립한 현대예술관, 삼성문화재단의 호암아트홀이나 로댕갤러리, 한국토지공사와 현대건설의 토지문화관, 현대자동차의 현대아트홀, LG연암문화재단의 LG아트센터, 금호그룹의 금호아트홀, 동아일보사의 신문박물관 등이 여기에 속하는 사례들이다.[64]

---

63) 양현미 외 4인, "기업메세나 운동의 효과 분석", 한국문화정책개발원, 2002.
64) 민민식, "메세나활동을 통한 브랜드 구축 사례", 오리콤 브랜드 저널, 2002.

〈그림 2-12〉 대우재단의 아트선재센터[65]

〈그림 2-13〉 현대중공업이 설립한 현대예술관[66]

〈그림 2-14〉 삼성문화재단의 로댕갤러리[67]

65) http://blogimg.ohmynews.com/attach/16752/1262476497.jpg
66) http://cphoto.asiaeconomy.co.kr/listimglink/6/2008070808271254116_1.jpg
%26lr%3D%26sa%3DN%26start%3D36%26um%3D1%26newwindow%3D1
67) http://www.donga.com/photo/news/200603/200603230143.jpg

둘째, 문화투자라고 불리는 마케팅 관점의 메세나론이다. 1980년대 후반에 기업 메세나는 전반적인 경기침체 속에서 공익성보다는 자사의 실익에 보다 직접적으로 연관된 방식으로 변모하였다. 이전의 자선적 동기가 약화되고 기업의 이윤창출에 직접적인 도움이 되도록 문화예술을 마케팅 전략에 활용하는 방식이 기업 메세나의 지배적인 방식이 된 것이다. 삼성전자와 LG전자는 프리미엄급 냉장고와 TV를 출시하면서 구매고객을 대상으로 '지펠·파브 음악회', '지펠·파브 디지털 콘서트' 등을 개최하였으며 또 다른 사례는 <표 2-12>와 같다. 이처럼 신제품 출시에 맞춰 자사 브랜드에 대한 이미지를 고급화하기 위한 전략의 하나로 문화예술을 마케팅 전략으로 사용하기도 한다.

마케팅 관점의 메세나는 문화마케팅이라는 신조어의 시작점이 되었으며, 기업이 주도적인 역할을 하는 필랜스로피 관점과는 달리 기업과 문화예술계가 상호협력 파트너 관계로 자리매김할 수 있는 기회를 제공하였다. 외국 경우는 IBM이 사회에 대한 '스폰서십' 활동을 강조함으로써 박물관, 미술관, 도서관, 문화 관련 단체 등을 지원하고 자사의 보유기술을 이용한 현물지원형태의 스폰서 활동에도 주력하고 있으며 이것은 또한 자사의 기술력을 알리는 데에도 긍정적인 역할을 하고 있다. 그 예로 세계문화재 복원을 지원하는 'E-Culture' 프로젝트와 세계적인 명화를 감상할 수 있는 디지털 미술관 시스템 구축을 들 수 있다. 이 경우는 공익성보다는 자사의 실익에 보다 직접적으로 연관된 방식으로 이전의 자선적 동기가 약화되고 기업의 이윤창출에 직접적인 도움이 되도록 문화예술을 마케팅 전략에 활용하는 방식이 기업메세나의 지배적인 방식으로 변모한 것이다. 따라서 기업과 문화예술계가 상호협력 파트너 관계로 발전한 것이다.

<표 2-12> 문화지원 사례[68]

문화지원 사례	
1. ING생명: '렘브란트와 17세기 네덜란드 회화전' 후원	덕수궁에서 개최한 '위대한 회화의 시대 – 렘브란트와 17세기 네덜란드 회화전'에서 17세기 네덜란드 화가의 작품 50점을 전시하는 행사를 후원했다.
2. LG전자: LA소재 '월턴극장', 〈난타〉 뉴욕 공연 후원. 멀티미디어쇼 개최.	미국 시장 공략을 위해 LA소재 국가문화유산인 '월턴극장'과 5년간 후원계약을 체결하면서 극장의 명칭을 'LG – 월턴극장'으로 바꾸어 놓았다. 뉴욕 패션 위크(New York's Fashion Week), 〈난타〉 뉴욕 공연 후원, 세계적인 브랜드 밸리(Brand Valley) 타임스퀘어에 최첨단 LED 옥외광고 런칭, 라스베가스 'FSE(Fremont Street Experience) 멀티미디어쇼'를 개최했다.
3. 삼성전자: 볼쇼이 발레단 지원, 톨스토이 문학상 후원.	볼쇼이 발레단을 지원하고, 갤러리 삼성을 교육 공간으로 활용하며, 톨스토이 문학상을 후원하는 활동을 하고 있다.
4. 하나은행: 상설 무료 전시 공간 운영, 무료음악회, 여성문인 등단 기회 제공.	문화 행사 지원 등 스폰서십 활동을 펼쳐 왔고 매년 20억여 원을 문화 관련 활동에 지출하고 있으며 서화 구입비를 별도 예산으로 책정하고 있다. 또한 상설 무료 전시 공간인 '하나사랑', 아마추어 여성문인의 등단을 위한 '여성 글 마을 잔치', '전국 순회 무료음악회', '꿈의 미술실 프로젝트' 등을 개발하였다.
5. CJ그룹: 클래식 연주회 초청, 오케스트라 후원.	계열사 및 각 사업부의 고객이나 협력회사를 클래식 연주회에 매년 초청하고 있다. 1996년부터 CJ가 후원한 화음 챔버 오케스트라 공연뿐만 아니라 각종 공연을 고객 사은행사로 마련하고 있다.
6. 한화: 예술의 전당 교향악축제후원, 여의도 한강시민공원 세계불꽃축제 개최.	2002년부터 '사랑의 친구, 미래의 친구'라는 슬로건을 걸고 본격적인 사회공헌 사업을 펼쳐 왔으며, 특히 2001년부터 예술의 전당 교향악 축제의 개최 비용 전액을 후원하고 있다. 또, 매년 여의도 한강시민공원에서 세계불꽃축제를 개최하고 있다.

c. 문화기업 – 문화를 매개로 기업을 차별화하는 전략

문화기업이라는 것은 기업을 새롭고 독특한 문화를 상징하는 단체로서 포지셔닝(Positioning)하는 것을 의미한다. 이는 문화를 이용하여 기업 전체의 고유한 이미지를 형성한다는 점에서 문화연출과 유사한 면을 가지지만 문화연출은 특정 브랜드나 상품과 서비스의 특성을 문화적 코드와 직접적으로 연결시키는 데 반해 문화기업은 세분화된 상품이나 브랜드가 아닌 기업 전체의 이미지를 문화적인 이미지와 간접적으로 연결시킨다는 점에서 그 차이점이 있다.

소비자의 인식을 점진적으로 유도하는 과정이기 때문에 무엇보다도 장기적 안목이 절대적으로 필요하다. 이런 면에서 기업 성장을 단기적으로 이뤄낸 우리나라의 기업 풍토에서는 쉽게 찾아볼 수 없었지만, 기업문화마케팅 활동의 중요성과 문화마케팅의 활성화에 힘입은 많은 사례들이 보고되고 있다. 과거 우리나라 기업은 불우이웃이나 수재민 돕기에는 선뜻 돈을 내놓는 이유를 갖고 있었으나, 문화예술에 재원을 쾌척하는 경우는 드문 형편이며 그 기간이나 횟수도 일회적이었다. 이것의 원인은 우리나라의 성장 모순점에서 찾을 수도 있겠지만 문화의 고급스런 이미지와도 관련이 있다. 즉 과거에 문화를 향유하던 사람들은 기업의

---

68) 오세정 · 김흥규 전게서, 참고로 연구자가 재구성.

후원이나 보조 없이도 그것을 누릴 수 있는 충분한 경제적 사회적 위치를 지니고 있었기 때문이다. 하지만 최근에는 문화예술이 갖고 있는 고급이미지를 기업 마케팅 차원에서 지원하는 것이 긍정적인 효과가 있다는 인식이 확산되기 시작하였다. 이는 문화예술이 점차 대중화되어 저변이 확대된 이유도 있고 그것이 갖고 있는 특성이 무한한 가치를 갖고 있기도 하기 때문이다. 그런 이유로 기업이 각 사의 특색에 맞는 문화예술 장르를 지속적으로 후원 협력하는 운동으로 기업과 상품의 이미지를 제고하고 나아가 국가 경쟁력 강화에 목적을 둔 '1기업 1문화' 운동이 전개되고 있는 등 과거에 비해 문화기업에 대한 관심이 증가하고 있다.

우리나라에서 문화기업은 에버랜드가 놀이문화에 다소 소극적이었던 사회분위기를 축제 등을 통한 놀이공원으로 탈바꿈함으로써 놀이문화를 대표하는 곳으로 변모하였다. 그리고 은행업계에서 최초로 문화은행이라는 이미지를 표방하는 하나은행이 건물 전체에 리본으로 랩핑(Wrapping)을 하고 신진작가를 지원하는 등 문화기업으로써 은행이미지를 한층 고급스럽게 포지셔닝하고 있으며 그 외 문화기업사례는 <표 2 - 13>과 같다.

〈표 2-13〉 문화기업 사례[69]

문화 기업 사례	
1. SK그룹: '1사 1문화 운동' 시작	2001년부터 '1사 1문화 운동'을 공식 제의함으로써 한국 문화 상품의 진출을 통해 기업의 상품이나 서비스가 해외에서 제대로 평가받을 수 있다는 믿음을 타 기업에게도 확산시키고, 지원 시 해외시장 개척 등의 효과가 있는 국악을 선정하여 지원 중이다.
2. 금호 문화재단: 금호현악 4중주단 창단	1990년부터 국내 최초 직업 실내악단인 금호현악4중주를 키운 금호문화재단(이사장 박성용)도 매년 20억 원이라는 적지 않은 자금 지원을 통해 영재음악가 발굴에 힘써 왔다.
3. 아이오페: 하프앙상블 창단	아이오페 하프앙상블은 여성 화장품 브랜드 아이오페가 클래식 음악의 발전에 기여하고 고객이 음악을 더 가까이서 접할 수 있도록 하기 위해 창단했다. 또한 하프 앙상블의 창단은 사라져 가는 고악기의 부흥과 하프를 공부하는 젊은 하프 음악도에게 배움의 기회를 넓혀주는 등 클래식 음악이 관객과 학생들에게 보다 더 친밀하게 다가갈 수 있는 계기를 마련해 주고 있다.

문화 마케팅 뿌리 내리는 '1기업 1문화 운동'

■ 이경배(한국기업메세나협의회 사무총장)

시상식, 홍보대사 위촉, 기업메세나 저변 확대 등 메세나와 관련된 기사가 주요 언론에 보도되어, '1기업 1문화' 운동이 국민적 관심을 유발, 사회 전반에 중요성과 인식을 확산시켰다. 올해는 많은 기업이 동참하기 위해 콘텐츠를 개발하기로 하고, 그 첫 단계로 기업 컨설팅 사업을 전개한다.

● 일회적 협찬과는 다르다

우리나라 기업이 불우이웃이나 수재민 돕기에는 선뜻 돈을 내놓는 여유를 갖고 있어도 문화예술에 재원을 쾌척

---

69) 오세정 · 김흥규 전게서, 참고로 연구자가 재구성.

하는 경우는 드문 형편이다. 일반인에게 문화예술은 특히 먹고살기에 여유가 있는 사람들이 향유하는 것이라는 인식이 있어 기업이 나서기에는 어려움이 있는 듯하다. 그러나 최근에는 문화예술이 갖고 있는 고급 이미지를 기업 마케팅 차원에서 지원함으로써 긍정적인 효과가 있다는 인식이 확산되기 시작하였다.

이는 문화예술이 갖고 있는 특성이 무한한 가치를 갖고 있다고 본 것이다. 2001년도부터 한국기업메세나협의회에서는 기업이 각 사의 특색에 맞는 문화예술 장르를 지속적으로 후원 협력하는 운동으로 기업과 상품의 이미지를 제고하고 나아가 국가경쟁력 강화에 목적을 둔 '1기업 1문화' 운동을 전개하였다. 현재 기업들의 최고 경영자와 문화예술 단체 간 개인적인 친분관계를 매개로 성사된 각종 공연 후원 협찬이나, 공연예술단체가 영리 목적으로 단발성으로 제작한 대형 뮤지컬이나 악극 등을 일회적으로 협찬하는 것과는 의미가 다르다.

이는 단순히 '기업 이윤의 사회적 환원', '기업 이미지 제고' 이상의 의미를 지니며, '고급', '개성', '차별'로 요약되는 특징을 지닌 문화예술을 유용한 해결책으로 제시하는 것이다. 언뜻 보면 '1기업 1문화' 운동은 경영주의 선의와 양심을 두드리며 문화예술인에게 보다 많은 지원을 호소하는 공익 캠페인처럼 보인다. 그러나 무엇보다도 '1기업 1문화' 운동의 가장 큰 매력은 기업 CI 및 브랜드의 가치 증진과 홍보에 매우 효과적인 방안이라는 점이다.

● 연구서도 발간하고, 세미나도 열고

한국기업메세나협의회에서는 이러한 운동이 보다 체계적으로 전개될 수 있도록 본 협의회 특별조사 팀인 기획운영위원회를 발전적으로 확대 개편하고 '1기업 1문화' 운동추진위원회를 2002년도 초에 결성하였다. 14명의 각계 인사로 구성된 추진위원단은 다양한 분야의 의견을 나눌 수 있어 운동 전개에 박차를 가했다. 2002년도 상반기에 문화예술 지원전략 수립을 위해 '1기업 1문화' 운동의 기초작업인 문화예술 지원 이념과 철학을 한국문화정책개발원(현 한국문화관광정책연구원)과 공동으로 개발하여 ≪기업의 문화예술 지원 전략 연구서≫를 발간하였다. 연구보고서에는 국내외 사례연구와 소비자 반응조사를 통해 기업 이미지와 문화예술 분야의 적합도(fit) 모델을 이용한 기업메세나 지원전략을 개발하였고, 기업의 문화예술 지원 패러다임 전환 과정을 분석하였다. 이후 이

러한 이론과 실제를 검증하기 위해 한국문화경제학회와 공동으로 '문화와 기업'이라는 세미나를 개최하여 한국문화경제학회와 한국문화정책개발원 연구진의 발표와 토론을 시도하였다. 2002년도 정기총회에서 운동을 확산시키기 위해 순수예술 및 대중예술 분야를 대표하는 6명의 홍보대사(금난새, 신영희, 이두식, 장한나, 송승환, 최불암)를 위촉하였고, 메세나 홍보대사의 테마별 메시지와 모범사례를 담은 홍보 비디오테이프를 제작하여 기업의 문화홍보 및 마케팅 담당 부서에 배포하였다. 아울러 홍보대사가 기업체를 방문하여 '1기업 1문화' 운동의 당위성을 홍보하고 비회원 기업의 가입을 권유하며 본 협의회의 각종 행사에 참석하는 데 노력하였다. '1기업 1문화' 운동을 성공적으로 이행한 기업의 사례와 메세나의 중요성을 강조하는 기획기사 등이 주요 언론 매체에 비중 있게 보도되기도 했다. 기업메세나 활동의 진흥을 위하여 1999년도에 시작된 메세나 대상 시상식은 2002년도에 3회째로 접어들었다. 2회 때부터는 대상이 대통령상과 문화관광부 장관상으로 승격함에 따라 공신력이 높아졌으며, 2002년도 시상식은 '1기업 1문화' 운동의 성공사례를 발굴·현창하고 홍보함으로써 사회적인 주목을 받게 되었다. 2002년

도 대통령 표창인 대상에는 1990년부터 금호현악4중주단을 창단하여 국내 실내악의 활성화를 위해 노력한 금호문화재단이, 문화관광부 장관 표창인 공로상에는 '문화열차'를 운영해 국민들에게 문화향수 기회를 제공하고 문화예술인들에게 창작 활동의 장을 마련한 서울특별시 도시철도공사가 수상하였다. 그밖에 창의상(협의회 회장상)에 CJ 주식회사와 주식회사 세중 그리고 보급상(언론사 사장상)에 르노삼성자동차와 주식회사 엑큐리스가 각각 수상하였다. 상기 기업들은 각 기업의 특색에 맞게 문화예술을 지원함으로써 기업 이미지를 업그레이드시키는 상승효과를 얻었다.

● 콘텐츠 개발, 컬처 마케팅 전문 과정 개설할 터

2002년도에는 시상식, 홍보대사 위촉, 기업메세나 저변확대 등의 메세나와 관련된 기사가 주요 언론에 보도되어 '1기업 1문화' 운동이 대국민적 관심을 유발하였고, 사회 전반에 걸쳐 운동의 중요성과 인식을 확산시켰다. 2003년도 계획은 보다 많은 기업이 '1기업 1문화' 운동에 동참하기 위한 방안인 콘텐츠를 개발하기로 하고 그 첫 단계로 기업 컨설팅 사업을 전개할 예정이다. 기업의 문화홍보 담당자

또는 마케팅 담당자와의 정기적인 만남을 통하여 아트 마케팅에 필요한 자료를 제공하고 예상되는 장애 요인 등에 관한 폭넓은 의견 교환과 기업의 예산에 맞는 적합한 문화예술 프로그램을 소개하거나 개발을 하는 것이다. 협의회는 외부 전문기관과 역할을 분담하여 기업에 컨설팅하고 기업과 문화예술단체가 협력하여 실행한 이벤트 또는 프로그램의 효과분석을 조사하여 해당 기업에 그 성과를 피드백(feed－back)하고 긍정적인 평가를 받을 경우 지속적인 지원이 이루어질 수 있도록 설득할 방침이다. 이 밖에도 기업교육 전문기관과 공동으로 '컬처 마케팅 전문과정'을 개설하여 문화예술의 붐 조성과 기업의 고부가가치 창출을 위한 기반 사업을 마련하고자 한다. 본 프로그램은 문화예술이 갖고 있는 요소를 기업의 브랜드나 이미지와 부합시켜 기업의 경쟁력과 차별화의 핵심 자산이 될 수 있도록 짜일 것이며, 교육 구성은 문화와 산업에 대한 이해와 문화가 갖고 있는 가능성을 짚어보고, 국내외 문화 마케팅 사례 및 글로벌 마케팅 기법을 벤치 메이킹할 수 있는 방안을 모색하는 등 자사의 브랜드 콘셉트 및 컬처 마케팅 전략을 개발하는데 많은 도움이 되었으면 한다. 또한 궁극적으로는 문화예술을 활용한 마케팅 전략 이론과 글로벌 컬처 마케팅 분야의 사례연구 및 현장체험 교육을 통해 전략적 마인드를 구축하고 기업의 현실 요구에 부합되는 전문가를 육성하는

데 있다. '1기업 1문화' 운동은 한 기업이나 한 개인의 차원에서 이루어지는 것이 아닌 우리나라 기업과 문화예술계 그리고 관객인 국민 모두가 참여해야 하는 운동이다. 세계화 시대에 들어서면서 기업 경영에 미치는 이미지의 영향력이 더 커지고 있다. 문화예술계는 기업이 지원하고 싶은 혹은 지원하게끔 하는 콘텐츠를 개발할 필요가 있으며, 반면 기업은 자사의 특성에 맞는 콘텐츠가 무엇인지를 구축할 필요가 있을 것이다. '1기업 1문화' 운동은 각계의 많은 지원과 관심이 필요한 대목이라고 할 수 있겠다.[70]

[감성경영 – 아모레퍼시픽] "아름다움의 문화를 팔죠"

직원 체험 프로그램 다양…… 여러 장르 메세나 활동 중 아모레퍼시픽은 국악 공연을 후원하는 등 메세나 정신을 실현하고 있다. "우리는 화장품이 아니라 문화를 파는 기업이다. 또한 문화를 나누는 기업 시민이다. 감성을 터치하는

---

70) http://blog.naver.com/moonlove98/120021756262

솔루션으로 고객에게 기쁨을 주어야 한다.” 서경배 ㈜아모레퍼시픽 대표이사 사장은 평소에도 이렇게 ‘감성 경영’의 소신을 밝힌다. 아모레퍼시픽은 ‘아름다움의 문화를 파는 기업’으로 스스로 자리매김하면서 브랜드 가치를 높이는 지름길로 적극적인 감성 경영과 문화 마케팅을 전개하고 있다.

서 사장은 미(美)를 상품으로 다루는 기업의 경영자답게 직원들에게도 미적 감수성을 강조한다. 복리후생 차원에서도 직원들이 미술이나 예술 활동을 특별한 이벤트가 아니라 일상적 체험으로 접근할 수 있도록 다각도로 프로그램을 운영하고 있다. 아모레퍼시픽은 2005년 본사(서울 한강로) 사옥을 리노베이션하면서 미술과 친근한 근무환경을 조성했다. 본사 사옥은 그 자체로 갤러리라고 해도 어색하지 않을 정도다. 팝아티스트 로버트 인디애나의 ‘LOVE’, 고 백남준의 ‘절정의 꽃동산’, 빌 비올라의 ‘라스트 엔젤(Last Angel)’ 등 비디오아트, 여성 사진작가 바네사 비크로프트의 ‘VB52’ 등 세계적으로 명성을 떨친 작가들의 작품을 감상할 수 있다. 이불의 ‘크러쉬(Crush)’, 노상균의 ‘I Love You’ 이외에도 강석호, 배병우, 이윤진, 정경자 등 유명 작가들의 작품 30여 점이 사옥 로비와 복도 등에 전시돼 있다. 아모레퍼시픽이 소장하고 있는 미술 작품을 통해서도 '감성 경영'의 지향점을 엿볼 수 있다. 아모레퍼시픽은 선명한 색채를 강조하는 작품, 실험성과 창조성이 돋보이는 작품, 한국적 이미지를 포착하거나 한국 문화의 정체성을 고민하는 작품들을 주로 구입하고 있다.

회사 측은 직원들이 끊임없이 문화적, 감성적으로 자극을 받을 수 있는 기회를 제공하고 있다. 아모레퍼시픽은 매달 좋은 전시나 공연을 선정해 직원들이 관람할 수 있도록 티켓을 증정하는 이벤트도 진행하는데, 가족들도 함께 즐길 수 있는 기회라 참가 열기도 매우 뜨겁다. <루브르박물관 전>, <르네 마그리트 전>, <반 고흐에서 피카소까지>, <앤디워홀 특별전> 같은 블록버스터급 전시들을 아모레퍼시픽 직원들이 놓치지 않고 섭렵할 수 있었던 것도 회사 덕분이었다. 또 여성문화 전문 박물관 '디 아모레 뮤지움', 차(茶)문화 박물관 '오'설록' 등 운영 중인 박물관의 자원을 활용해 주요 문화재 답사와 다례실습, 도자기 만들기 같은 문화강좌도 직원들에게 실시하고 있다.

서 사장은 아모레퍼시픽을 글로벌 기업으로 도약시키기 위한 디딤돌로서 메세나 활동에도 적극적이다. 예술과 마케팅의 접목을 통해 세계적 브랜드로 성장을 꾀하고 있는 것이다. 아모레퍼시픽의 메세나 활동은 음악 미술뿐 아니라 영화까지 다양한 문화 장르를 아우르고 있다. 헤라는 지난해 '컬러 오브 템테이션(Color of Temptation)'이라는 전시를 개최하는 등 신진 미술작가의 발굴과 후원에 주력하고 있다. 아이오페는 2003년 창단한 실내악단 '아이오페 하프 앙상블'을 후원하고, 설화수는 한복이나 매듭 전시, 국악공연, 문화재 복원 기금 마련 등 전통문화 보전에 기여하고 있다.

헤어제품 브랜드 미장센은 단편영화제를 후원, 상업영화에 치중된 국내 영화관람의 대안을 제시하고 있다. 아모레퍼시픽의 문화계 지원은 단발성 협찬을 넘어서 철저한 메세나 정신에 의해 꾸준히 이뤄진다는 점에서 긍정적 평가를 받고 있다.[71]

문화기업으로 거듭나기 위해선……

'아이팟·닌텐도처럼 소비자의 시간과 마음 사로잡고'
'구글처럼 직원 창의성 북돋고 폴로처럼 지속적으로'
50년은 남의 나라, 나머지 50년은 죽어라 일하기. 우리에게 20세기는 잊힌 세기라고 불린다. 그러나 21세기로 접어든 지금에는 사뭇 다른 움직임이 감지된다. 사람들이 비로소 느려진 것이다. "지금 경제 상황은 IMF보다 확실히 안 좋습니다. 하지만 특이한 것은 사람들의 반응이 그때와는

---

71) 한국일보 문향란 기자, [감성경영 – 아모레퍼시픽] "아름다움의 문화를 팔죠", 2007. 05. 22.

확연하게 다르다는 것입니다. 불감증이라기보다는 여유라고 해석됩니다." 똘레랑스. 우리말로 관용, 여유가 우리 삶 곳곳에 적셔 들고 있다. 컬처 비즈는 이런 소비자들의 변화한 라이프스타일을 캐치해 비즈니스 모델로 삼는 것을 뜻한다.

소비자와의 소통이 생명인 시대, 소비자들로부터 '말이 좀 통하는 기업' 소리를 듣기 위해서는 어떻게 해야 할까?

● What is culture? 문화를 이해하라

문화 기업이 되기 위해서는 문화에 대한 오해를 푸는 것이 급선무다. 컬처마케팅그룹의 김묘환 대표는 "과거를 뜯어먹지 말라."고 충고한다. "대기업들의 가장 큰 잘못은 문화를 예술이나 역사에 한정 지었다는 것입니다. 문화는 박물관에 있는 것이 아니라 우리가 먹고 마시고 노는 현장에 있습니다. 거장이 그린 명화만이 문화라고 생각한다면 소비자들과의 소통은 불가능합니다." 문화는 어디에나 있다. 모든 시기와 모든 세대는 문화를 가진다. 문화는 그 시대를 살아가는 대중의 집단적인 경험과 그로 인해 형성된 가치, 거기에 따른 정서가 범벅된 거대한 덩어리다. 이를테면 네티즌들에게는 공유 문화가 있다. 그들은 집에 들어가면 컴퓨터를 켜고 인터넷에 접속하는 것이 익숙한 세대다. 음악도 당연히 컴퓨터를 통해 듣고 싶어 한다. 가수들이 아무리 하소연해도 CD를 살 생각은 없다. 돈을 주고 콘텐츠를 사라고 하면 못마땅해한다. 인터넷을 통한 각종 무료 콘텐츠에 익숙해 있기 때문이다. 이 문화를 이해하지 못한 기업들은 소비자와 내내 싸우기만 했다. 국내 최고의 시장 점유율을 자랑하는 포털사이트마저도 음원을 삭제하기에 급급할 때 이 간극을 똑똑하게 파고든 이가 있으니 바로 아이팟이다. 아이팟은 디자인과 기능도 훌륭하지만 다른 기업들이 따라잡지 못할 정도는 아니라고 평가된다. 가장 강력한 것은 그들이 만들어 낸 음원 획득 시스템이다. 아이팟 구매자들이 저렴한 가격과 합법적인 방법으로 음원을 다운로드받을 수 있도록 만든 아이튠즈 스토어는 기업들의 숙원인 '평생 고객 만들기'를 단시간에 성취했다. '애플의 법칙'의 저자인 하야시 노부유키는 이를 '아이팟을 중심으로 한 생태계'라고 부르며 "이미 아이팟을 사용하고 있는 전 세계 1억 5천만 명의 고객에게 새로운 음악 재생기를 사라고 하는 것은 초등학교 1학년생으로 돌아가 인생을 다시 시작하라는 것과 다르지 않다."고 말한다. 소비자들은 자신의 웃음과 짜증을 이해해 준 기업에게 기꺼이 충성을 바친다.

● Buy consumers' time 소비자의 시간을 사라

과거에는 소비자들이 기업의 제품을 샀다면 이제는 기업이 소비자의 시간을 살 차례다. 이게 무슨 소리인가? 닌텐도는 화투 제작 회사답게 끝내주는 오락기를 만들어 전 세

계인의 마음을 사로잡았다. 후속작으로 나온 닌텐도 위와 닌텐도 위 핏까지 줄줄이 히트를 치면서 닌텐도 유저는 1억 명을 넘어섰고, 닌텐도 측은 "우리의 타깃은 5세부터 95세 중, 아직도 게임을 하지 않는 사람"이라고 기세등등하게 외쳤다. 그중 온 가족이 할 수 있는 게임을 표방하는 위 핏은 '인 – 도어(in – door) 라이프스타일'이라는 새로운 문화를 창출했다. 집에서 요가를 하고 테니스를 치고 심지어 스키까지 타는 시대가 열리자 재미있는 일이 벌어졌다. 아웃 도어 인구가 줄어든 것이다. 닌텐도에 의한 희생자는 소니가 아닌 나이키가 되었다. 음악을 들을 시간에 오락기를 집어 들었다면 희생자는 아이팟이 되는 셈이다. 기업 간의 경쟁은 동종 업계의 범주를 벗어났다. 누가 소비자의 시간을 조금이라도 더 점유할 것인가. 이제 기업들은 고객의 집에 감시카메라라도 설치해 그들의 삶을 엿보려고 할지도 모른다.

● Turn your eyes to the inside 내부로 눈을 돌려라

소비자를 이해하려는 노력이 기업의 가장 중요한 과제임은 틀림없다. 그러나 언제까지 맞출 수 있을까? 사랑에 눈이 멀어 잘해 보려고 노력했지만 결국엔 헤어지고 만 코끼리와 개미의 슬픈 이야기처럼, 소비자와 기업 간의 감성 차이가 너무 크다면 만족할 만한 소통은 어렵다. 근본적인 해결책은 기업의 문화적 감수성을 높이는 일뿐이다. 기업의

감수성을 결정짓는 것은 그 기업을 이루고 있는 직원의 감수성이다. 구글의 직원 복지에 대해서는 더 설명할 필요가 없다. 일명 '신의 직장'으로 불리는 구글 본사는 캠퍼스를 연상케 하는 넓은 잔디밭과 자유로운 복장의 직원들로 묘사된다. 애완견을 끌고 다니는 것이 허용될 정도로 허물없는 분위기 속에서 구글러들은 아침, 점심, 저녁을 일류 요리사들의 음식으로 먹고 요가, 마사지, 수영장, 스파를 마음껏 즐긴다. 당연히 모두 무료다. 과도할 정도의 복지를 제공하면서 구글이 노리는 것은 직원들이 뿜어내는 창의성, 그리고 직장에 대한 자부심을 가지고 오래오래 남아주는 것이다. 내부로 눈을 돌려야 하는 중요한 이유 중 하나가 바로 여기에 있다. 지금 한국은 무직의 시대를 맞고 있다.

실업자와 비정규직이 넘쳐나지만 과거처럼 '시켜만 주시면 열심히 하겠다'는 분위기는 아니다. 과거 일본의 프리타(free－arbeiter의 준말, 일정한 직업 없이 아르바이트로 생계를 유지하는 사람)족처럼 자발적인 실업자가 늘고 있다. 평생토록 하고 싶은 일이 아니라면 굳이 인생을 바쳐 가면서 할 이유가 없다는 계산이다. 머지않아 기업은 숙련된 일꾼 하나를 얻는 것이 하늘의 별따기보다 어려워질지도 모른다.

그런 날이 오기 전에 직원들에게 오래도록 같이할 파트너라는 인식을 심어 줄 필요가 있다. 기업과 직원 간의 벽을 허물어뜨리는 것 역시 문화를 통해 가능하다.

1 – 음원 다운로드 시스템 '아이튠즈 스토어'로 전 세계의
  액세서리가 된 아이팟
2 – '인 – 도어' 라이프스타일을 연 닌텐도 위
3 – 구글 본사 내부에 있는 카페테리아
4 – 성도 GL이 주최하는 헤이리 심포니 오케스트라
5 – 보끄레 머천다이징이 사천성 지역에 세운 소학교

인쇄출판 전문업체인 성도 GL은 20%가량이던 이직률을 2%로 떨어뜨렸다. 김상래 대표는 최소 한 달에 한 번 이상 연극, 뮤지컬 등 각종 문화 행사와 체험 학습에 직원들을 참여하도록 한다. 모든 행사에는 직원들뿐 아니라 직원의 가족들까지 전부 동행한다. 복지에 그치지 않고 파주 헤이리 마을에 복합문화공간인 '퍼플'을 만들어 지역 주민들과 직원들이 무료로 오케스트라를 관람할 수 있도록 지원했다.

대표의 마음 씀과 여유로운 삶의 태도에 공감하는 직원들은 회사를 떠나지 않는다. 국내 대기업들의 출입구에는 아직도 공항에서 볼 수 있는 검색대가 설치돼 있다. 그 앞에서 가방과 몸수색을 받기 위해 늘어선 직원들의 줄은 출퇴근 진풍경이다. 전문가들은 "보안 유지에 쓸 돈으로 직원들과 놀 수 있는 문화를 제공하라."고 조언한다.

● Do continuously 지속적으로 하라

문화는 단시간에 형성되지 않는다. 기업들이 문화 사업에 돈을 쏟아 부으면서도 전체 매출에 어느 정도의 영향을 미쳤는지 측정할 수 없는 이유다. 그러므로 가장 중요한 것은 지속성이다. 얼마나 진정성을 가지고 지속적으로 하느냐에서 진짜와 가짜가 갈린다. '대한민국을 응원한다'고 외치고 뒤에서 고객들의 통화 요금을 가로채는 통신사에게서는 진정성을 느낄 수 없다. '지구를 걱정한다'고 떠벌리다가도 유행이 지나가면 슬그머니 깃발을 내리는 기업도 마찬가지다.

아메리칸 캐주얼의 대표 주자인 ‘폴로 랄프로렌’은 매주 수요일 할렘 거리에 나가서 전 직원이 봉사 활동을 펼쳐 왔다. 흑인들이 다니는 학교의 담장을 가꾸고 거리를 청소한 것이 올해로 근 20년째다. 9·11 테러 사건 때는 미국의 근간을 이루는 서부 개척 정신을 표현한 제품을 출시했다. 캠핑카를 임대해 초심을 환기시키는 복고풍 인테리어로 내부를 꾸미고 미국 전역을 돌며 단합 정신을 일깨우기도 했다.

보수주의자들의 패션, 심지어는 ‘수구 꼴통’이라는 이야기를 들으면서도 폴로가 미국의 국가 브랜드로서 존경받는 이유다. 여성복 ‘온앤온’과 ‘더블유닷’을 만드는 국내 의류 기업으로 중국 시장에 진출한 ‘보끄레머천다이징’은 지난해 발생한 쓰촨성 지방의 복구에 적극적으로 나섰다. 기부 활동 및 추도에 그치지 않고 지진의 중심지인 사천성 지역에 소학교를 건립하는 중이다. 이만중 사장은 “중국 내에서 활동하고 있는 수혜자로서 중국 사회에 관심을 갖는 것은 당연하다.”고 말한다. 미국의 경영학자 피터 드러커가 말했듯이 “기업 문화란 기업 전반을 관통하는 공약이자 동일한 가치관을 갖겠다는 약속”이다. 생각을 가진 사람만이 상대방의 생각을 이해하고 대화할 수 있듯이 일관된 미래에는 기업이 가진 고유한 문화가 소비자와의 유일한 통로가 될 것이다.[72)

d. 문화후광 - 기업 측면에서 국가의 문화적 매력을 후광으로 이용하여 소비자에게 소비 동기를 유발하는 전략[73]

후광 효과(halo effect)라는 것은 소비자가 계속적으로 범하는 지각적 오류 현상의 일종으로서 어떤 사물에 대한 전체적인 평가가 그 사물의 구체적 특성의 평가에 영향을 미치는 경향을 말한다. 어떤 기업에 대한 좋은 이미지를 가지고 있으면 그 기업이 생산하는 다른 제품 라인에 대해서도 좋은 평가를 내리게 되고, 어떤 브랜드에 대한 좋은 인상을 가지고 있으면 그 브랜드의 구체적 속성에 대해서도 호의적인 반응을 보인다는 것이다.[74]

영구중립국으로 유명한 스위스는 쥐라 산맥과 알프스 산맥이 모두 걸쳐 있어 산이 곧 그들의 터전이었기 때문에 산악용품이 크게 발달하게 되었다. 그리고 프랑스와 독일이 접경지대에 위치하고 있었기 때문에 이들로부터 기술의 영향을 많이 받았다. 프랑스에서 종교박해를 받은 위그노 신자들이 시계공방 기술을 가지고 스위스로 대거 이주했으며, 독일로부터는 철 제련기술을 습득했다. 스위스인들은 이 기술들을 독자적으로 더욱 발전시켜 시계와 다용도 군용칼 같은 제품을 통해 세계적으로 인정을 받게 된다. 특히 스위

---

72) 주간한국 황수현 기자, "문화기업으로 거듭나기 위해선", 2009. 04. 20.
73) 심상민, 2002.
74) 이문규, 1997.

스 국기가 새겨진 다용도 군용칼은 외화드라마 '맥가이버'
에서 소개되어 큰 화제를 모았다.

〈그림 2-15〉 다용도 군용칼을 사용하는 맥가이버

'맥가이버 칼'을 생산하는 스위스의 두 대표 기업으로는
Victorinox와 Wenger가 있다. 맥가이버 칼이 처음 생산되었
을 때 군납용이었기 때문에 'Swiss Army Knife' 로고타입과
스위스의 십자국기 심벌을 두 회사 모두 사용하였기 때문에
분쟁이 일어나게 되었고, 결국 스위스 정부가 이를 중재하
게 되어 Victorinox는 'Original Swiss Army Knife'를, Wenger
는 'Genuine Swiss Army Knife'를 사용하게 된다. 이처럼
맥가이버 칼은 스위스 국기의 심벌이 박힌, 시계와 더불어
스위스를 상징하는 대표적인 제품이 된 것이다.

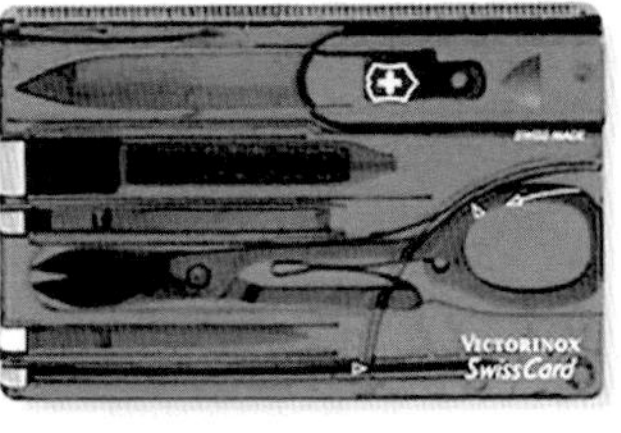

〈그림 2-16〉 Victorinox의 다용도 군용칼 제품

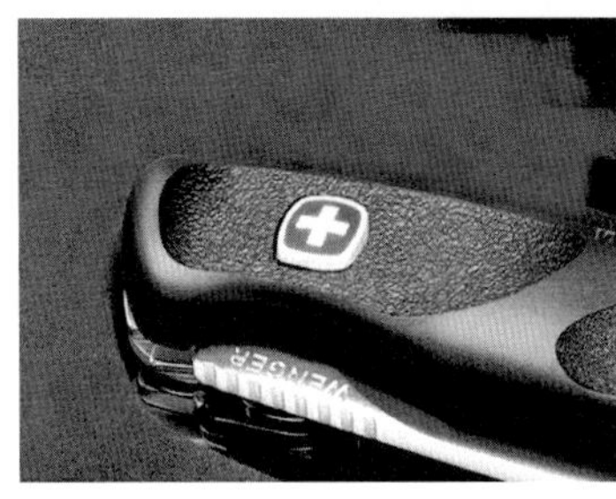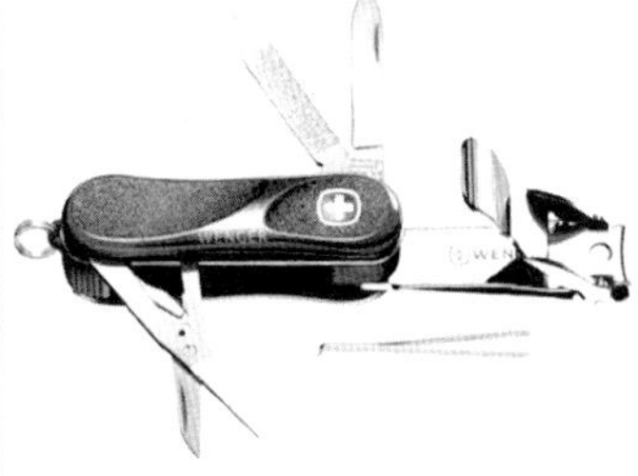

〈그림 2-17〉 Wenger의 다용도 군용칼 제품

다음은 우리에게 '독일제 쌍둥이 칼'로 유명한 헹켈 (henckel)이다. 예로부터 대장장이 마을로 불렸던 독일 베스트팔렌 주 졸링겐 마을에서 시작된 헹켈은 300년 가까이 주방용 칼 하나만을 생산하고 있는 기업이다. 역사가 깊은 이 기업의 놀라운 점은 영업이익 80%를 독일 밖에서 거둬들였다는 점이다. 즉 독일만의 '기술력'이라는 후광효과를 직접 만들어 간 주체이자 '독일' 하면 쌍둥이 칼이 떠오르도록 전 세계적인 헹켈의 브랜드 이미지를 구축했다.

〈그림 2-18〉 헹켈(henckel)의 제품

〈그림 2-19〉 헹켈(henckel)의 옥외광고

바. 문화마케팅의 필요성

21세기 들어 문화는 사회적 관심을 넘어 시대적 트렌드로 떠오르고 있다. 정부는 국가적 차원에서 문화산업을 지원하고 기업들은 고객과의 원활한 커뮤니케이션과 신사업으로서의 가능성을 위해 다양한 문화산업에 투자하고 있다.

문화체육관광부의 '2006년 문화산업통계'에 따르면 2005년도 기준 문화산업의 10개 분야 매출액은 전년 대비 7.8% 증가한 53조 481억 원으로 경제성장률(4.2%)의 2배 가까이 성장하였고 평균 10.5%의 높은 성장세를 보였다.[75] 이런 문화산업의 성장과 더불어 주목받는 분야가 바로 문화마케팅이다.

미국 경제학자 Dusenberry는 "사람들이 행하는 모든 활동은 문화에 의해 결정되며 거의 모든 재화의 구입은 신체적인 안락감을 제공받기 위해서나 또는 사적인 생활을 영위하기 위한 활동을 위해 행하여진다."라고 정의했는데 이는 대중이 소속되어 있는 커뮤니티의 문화와 가치에 소비행동이 영향을 받는다는 말이다. 여기서 가치란 사회구성원들이 무엇을 해야 하며 무엇이 바람직한가를 판단하는 공유의 잣대를 말하며 이러한 가치체계 형성에 문화가 크게 영향을 끼친다고 할 수 있다. 바로 이 점이 문화의 마케팅 수단

---

75) 문화체육관광부, "2006 문화산업백서"

으로서의 장점이라 하겠다.[76] 또한 문화마케팅의 기법은 소비자의 감성을 터치하고 체험하도록 해 주며 은근하게 숨어서 하는 체험, 감성, 매복마케팅 등이 전형적이며 각각의 차이는 다음 <표 2-14>과 같다.[77]

〈표 2-14〉 문화마케팅기법의 비교

분류	내용
체험마케팅	소비를 총체적 체험으로 인식하며, 문화적 자극을 중시.
감성마케팅	고객의 감성, 정서, 낭만, 환상, 직관, 감각 등에 호소.
매복마케팅	이벤트에 편승, 문화이미지를 제고(ambush marketing).

광고는 송신자의 일방적 커뮤니케이션인 데 반해 문화마케팅은 수용자와 전달자들의 상호 커뮤니케이션을 통해 교감을 하므로 접근성과 설득력이 뛰어나며 소비자의 욕구를 광고보다는 더 많이 충족시킬 수 있을 것이다. 오늘날 웰빙(Well-Being)이나 로하스(LOHAS) 등으로 대표되는 트렌드는 삶의 질적 추구를 위한 소비자의 특성이며, 소비 패턴이 품질 중심에서 품격 중심으로 그 중심이 이동되고 있으며 이것이 기업으로 하여금 문화의 커뮤니케이션 수단으로서의 가치를 주목하게 된 것이다. 또한 문화마케팅은 이미지

---

76) 박종의, e-비즈니스시대의 소비자 행동론(도서출판 글로벌, 2003).
77) 심상민 외 전게서.

와 스토리를 가지고 감성에 소구한다는 점에서 마케팅의 4P 측면에서도 합리적 소비를 전제로 하는 전통적 마케팅과 차이를 보인다.[78]

문화마케팅과 전통적 마케팅을 비교해 보면 아래에서 처럼 상징성과 사용성으로 대표되는 각각의 차이를 알 수 있다. 타임지는 이러한 현상을 다음과 같이 지적했는데[79] "기업들이 기존에 광고수단으로 활용했던 언론매체를 기피하면서 이른바 환경광고가 폭발적으로 늘고 있다. 이것은 광고에 식상해 있는 소비자들에게 직접 다가가 고객들이 일상적으로 노출된 환경에서 소비자들의 심리를 공략하기 위해서이다." 기업들이 이렇듯 전통적 커뮤니케이션 수단인 매스미디어 외에 새로운 커뮤니케이션 수단을 찾는 이유는 한마디로 커뮤니케이션의 과잉 시대에 도달했기 때문이라 하겠다.[80]

다시 말하면, 기존 광고수단만으로는 기업의 마케팅 목표를 달성하기 힘들며 타사와 차별화된 전략을 만들어야 한다는 것인데 기업의 문화예술 지원활동이 차별화된 기업의 마케팅 수단이 된 것이다. 문화마케팅은 상업적인 도구로

---

78) 심상민 외 전게서.
79) Al Ries·Laura Ries, "The Fall of Advertising & The rise of PR" HarperCollins 2002. 심현식 역, 마케팅 반란(청람출판사, 2004), p.160.
80) Al Ries·Jack Trout, POSITIONING: The Battle for your mind, (McGraw - Hill, 1986)에 스엔씨 역, 마케팅 포지셔닝(십일월출판사, 2004), p.20.

자리 잡았고 문화라는 키워드로 인해 같은 세대에서 공유하고 있는 생활양식을 기반으로 커뮤니케이션한다는 점에서 더욱 큰 필요성을 갖게 될 것이다. 또한 기업문화마케팅의 필요성은 사회적 책임경영 관심 고조에 따라서도 필요성이 나타나고 있다.[81]

국제표준화기구(ISO, International Standard Organization)가 2008년부터 국제표준인 ISO 26000의 도입을 통해 CSR(Corporate Social Responsibility)에 관한 국제 기준을 제정하는 작업에 한창이며 이 같은 움직임은 기업의 사회적 책임 활동이 새로운 무역 장벽이 될 가능성마저 대두되고 있다. 기업의 사회적 책임 경영은 실질적인 이득과도 연관된 기업 시장의 새로운 '게임의 룰'로 부상하였으며 Kotler는 이제 기업의 사회적 책임 활동은 '하면 좋은 일'이 아닌 비즈니스에서 '반드시 해야만 하는 일'이 되었다고 말했다. 문화예술을 활용하여 고객을 효과적으로 만족시키고, 기업성과(기업 이미지 제고, 시장우위, 종업원 혜택)를 거둘 뿐 아니라 문화예술 발전, 더 나아가 국민의 문화 복지 향상에도 기여하는 사회적 공헌을 이룰 수 있다는 점을 고려할 때, 문화마케팅은 기업에게 차별적이고 효과적인 사회적 마케팅 경영을 실천하는 수단으로 기여할 수 있을 것으로 예상된다.

---

81) 김민주 외 5인, 창조경영시대의 문화마케팅(한국메세나협의회, 2006), p.32.

사. 문화마케팅의 효과[82]

문화마케팅은 사회적 책임의 일환인 기업윤리관점에서 출발해, 기업이미지의 강화 및 개선을 위한 목적으로 사용되고 있다. 또한 문화라는 콘텐츠를 기업의 마케팅활동에 활용함은 물론 문화예술의 창의력과 개방적 사고를 기업에 도입하여 직원교육, 사내 문화예술 공간조성 등을 비롯한 창의력 개발에 연계함으로써 기업문화의 기틀을 마련하고 기업 경영전반으로 영역을 넓혀 예전의 기술 중심의 경영방식에서 벗어나 그 어느 때보다도 경쟁력을 확보할 수 있도록 그 영역을 넓혀 가고 있으며 앞으로도 문화마케팅의 효과는 그 영역을 더욱 넓힐 수 있다.

기업이 문화예술 활동에 대한 참여와 후원을 통하여 얻을 수 있는 이점들을 자세히 살펴보면[83]

첫째, 사회병리현상을 예술 활동을 통해 치유하는 것은 다른 방법을 이용하는 것보다 비용 면에서 효율적이라는 것이다. 사회병리현상은 기업의 정상적인 발전에 걸림돌이 되는 경우가 많다.

둘째, 문화예술은 신규고객을 창출하는 열쇠가 될 수 있고, 기존 고객들의 충성심을 강화하는 방법이 될 수 있다.

---

82) 양현미 외 4인 상게서를 참고로 재구성.
83) Bette Ann Stead, "Corporate Giving: A Looking at the Arts", Journal of Business Ethics4, p.216.

셋째, 예술 활동에 대한 지원을 통해 종업원들의 사기를 진작시킬 수 있다.

넷째, 예술 활동을 지원함으로써 기업은 사회적 명성을 얻을 수 있다.

다섯째, 예술 활동에 대한 지원은 기업의 사회봉사로 인식되어 기업이미지를 개선하는 데 도움이 될 수 있다.

여섯째, 예술에 대한 직접투자의 경우에도 예술 분야는 훌륭한 사업 분야가 될 수 있다.

일곱째, 기업은 예술 활동에 대한 지원을 통하여 세제상의 이익 등을 얻을 수 있다. AFCH & Arther Anderson에서 밝힌 구체적인 문화마케팅의 효과는 <표 2-15>와 같다.

〈표 2-15〉 문화마케팅의 효과[84]

범주	기대효과	효과
기업의 정당성 (이해관계자 대상)	기업 활동의 용이성 증대.	중
	기업 이미지 제고.	강
	투자 유치 가능성 증대.	약
시장우위 (외부고객 대상)	매출 증대.	중
	브랜드 인지도 증가.	강
	고객 유치 및 유시.	중
	가격 프리미엄 획득.	중
종업원 혜택 (내부고객 대상)	생산성 증대(신상품 개발).	약
	직원 확보 및 유지.	약
	조직문화 고양(종업원의 만족도 등).	약
	네트워킹(직원 간의 관계 증진).	강

---

84) AFCH & Arther Anderson, Marketing Arts & Culture Work in Business -

a. 기업의 정당성(Corporate Legitimacy) 효과[85]

문화마케팅의 기업 정당성 효과는 치열한 경영 환경 속에서 기업이 지속 가능한 경쟁우위(Sustainable Competitive Advantage)를 획득하는 데 있어서 핵심적인 부분을 이루고 있다.

(1) 반기업 정서 해소

대한상공회의소가 현대경제연구원(2008년)과 공동 조사한 결과를 보면 지난해에 이어 하반기에도 반기업 정서가 다시 악화되고 있다고 발표했다. 기업호감지수가 100점 만점에 46.6점으로 집계돼 평균인 50점을 밑돈 것으로 나타났다. 다수의 기업들은 현시점을 경영하기 가장 어려운 때라고들 말한다. 더욱 심각한 것은 기업의 목적을 이익추구보다 사회발전이라고 보는 국민들의 '반기업 정서'다. 이는 부자와 기업인을 죄인 시 하는 반자본주의 정서, 규제에 초점이 맞춰진 기업정책, 성장보다 분배를 우선시하는 정부의 정책기조 등이 큰 역할을 하고 있는 주된 이유이다. 반기업 정서는 기업의 경쟁력 제고에 중요한 걸림돌이 되고 있으며 반기업 정서를 해소하지 않고는 국민소득 3만 달러 등

The Business Case for Cultural Investment Guide, 1999.

85) 기업의 정당성(Corporate Legitimacy)이란 기업이 경제적 목표를 달성하고 주주의 가치를 극대화하면서도 지역사회에 기여하는 것으로 인식될 때 기업이 사회로부터 얻게 되는 것이다.

국정목표를 달성하기 어려운 상황이다.[86]

　반기업 정서는 기업 경쟁력뿐 아니라 국가 경쟁력에 악영향을 끼치고 있다. 이러한 대중의 반기업 정서를 해소시킬 수 있는 방안으로 기업의 사회적 책임에 대한 체계적인 프로그램이 필요하기 시작했다. 기업은 커질수록 사회적 이미지를 중요하게 생각하게 된다. 기업이 돈 버는 데에만 급급해서 사회적으로 지탄받는 방법을 쓰거나 해를 끼치는 일을 하면 소비자들은 이 기업이 만든 제품을 외면한다. 해마다 연말이면 불우이웃 돕기 운동 시 모금액만 놓고 보면 개인 성금의 비중은 30%에 불과하며 대부분의 금액은 기업이 내는 기부금이다. 기업의 이러한 사회공헌활동은 반기업 정서를 해소하는 데 도움이 된다. 흔히 기업은 목적을 위해 다른 기업이나 근로자, 소비자 등에게 손해를 끼치는 부도덕한 짓도 서슴지 않는다는 의심이 반기업 정서를 만들게 되는데, 사회공헌활동은 이런 정서를 누그러뜨리는 역할을 한다. 사회공헌활동은 기업 입장에서 무조건 착한 일을 하는 것이 아닌 공헌활동을 자신의 사업과 연관 지어 기업 이미지를 높이기 위한 유용한 전략으로 활용하는 것이다. 건축자재를 다루는 미국의 유통업체 홈 데포(The Home Depot, Inc.)는 해비탯(HABITAT: 사랑의 집짓기) 운동을 지

---

86) 김용열, 반기업 정서와 기업 경쟁력, 산업연구원, e-kiet 산업경제정보, 2004. 3. 8, 참고로 연구자가 재구성.

원하고 있다. 한국에서도 나무에서 원료를 추출해 화장지를 만드는 유한킴벌리와 같은 기업이 나무심기 운동을 하고 있는 것과 같은 것이다.

사실 기업의 고유한 목적은 사회공헌이 아닌 제품을 생산해 팔거나 서비스를 제공해 돈을 버는 일, 즉 이윤을 창출하는 조직이다. 이윤을 만들기에도 바쁜 기업이 사회공헌 활동을 하는 이유는 기업의 이미지 때문이다.

기업들도 사회복지시설에 대한 지금까지의 한시적이고 일회성에 가까운 지원 대신 연고 지역 소외층 어린이·청소년에 대한 문화예술 교육이 사회공헌도가 클 뿐만 아니라 우리 사회의 반기업 정서를 풀어주는 효과가 있을 것으로 보고 적극적인 참여를 하고 있다. 금호아시아나 그룹 계열사들은 광주·전남 지역 보육원과 인천 등 타 지역 보육원도 지원하고 있다.

(2) 기업이미지 개선

기업이미지는 기업의 제품 우수성과 함께 기업에 커다란 영향을 미쳤으나, 현재는 제품의 우수성보다 기업이미지가 더욱 중요시되고 있다. 현대사회 소비자들의 제품선택기준은 가격과 제품품질을 중요시하던 경향에서 감성과 독특한 이미지에 소구하는 경향을 보이고 있기 때문이다. 기업의 문화투자는 소비자에게 기업의 가치를 새롭게 인식시키는

계기가 될 뿐만 아니라, 대중매체의 호의적인 평가를 얻어
내는 데 효과적이다. 또한 노사관계의 개선에서 언급한 것
처럼 자신들이 근무하고 있는 회사가 대외적 이미지가 좋
을 경우 애사심과 직원들의 사기가 높아짐에 따라 생산성
향상을 불러 제품에 대한 불량률은 저하되고 품질은 개선
되어 매출은 증대되며 이직률의 감소로 이어진다.

지역사회와의 긍정적인 관계개선을 통한 구성원으로서의
기업 활동은 지역사회 개발을 위한 적극적인 성원으로서
지역문화 창달의 주체가 될 수 있다. 특히, 포스코(POSCO)
가 지역사회에 끼친 영향은 크다고 할 수 있다. 기업의 문
화예술 활동에 대한 후원 및 마케팅 시 주의해야 할 점은
기업이미지와의 적합성과 부합되어야 하며, 단기적 이익을
원하는 것이 아니므로 대중이 기업의 이익을 위한 후원이
라는 인상을 받지 않도록 세심한 배려를 해야 할 것이다.

LG풀터치 메시지 폰인 버사(Versa)폰

LG전자는 올해 6월경에 곧 개봉할 블록버스터 영화 '트
랜스포머2'에 풀터치 메시지 폰인 버사(Versa)폰을 PPL로
등장시키는 데 성공했다. 이 제품에는 트랜스포머 특유의
심벌이 적용되어 있고, 트랜스포머 아이콘과 벨소리, 예고
편 영상, 사진 등이 담겨 있어 100대 한정으로 제작해 이벤

트에 활용한다고 한다. LG전자는 세계인들이 기대하고 있는 영화에 자사의 제품을 등장시켜 첨단기술을 보유하고 있다는 기업 이미지를 더욱 강화시킬 수 있을 것이다.[87]

<그림 2-20> 트랜스포머2에 등장하는 LG전자 Versa폰

GM대우, 트랜스포머 효과에 '함박웃음'

GM대우가 '마티즈' 후속 모델 덕분에 모처럼 웃었다. 올해 상반기 최대 기대작 중 하나인 '트랜스포머: 패자의 역

87) http://logfile.tistory.com/595

습’ 편에 ‘마티즈’ 후속 모델이 나오면서 때 아닌 홍보효과를 보고 있는 것.

‘트랜스포머’ 시리즈는 자동차가 로봇으로 변신한다는 내용을 기본으로 선과 악이 충돌하는 과정을 그린 작품. ‘트랜스포머’ 시리즈의 2탄인 ‘트랜스포머: 패자의 역습’에서 ‘마티즈’ 후속 모델은 오토봇 군단의 일원인 ‘스키드’로 활력 있고 코믹한 모습을 보여준다. 영화에 나온 모델은 지난 4월 열린 서울모터쇼에서 GM대우가 선보인 콘셉트카 ‘비트’, GM대우는 늦어도 오는 10월까지 ‘비트’를 기반으로 한 ‘마티즈’ 후속모델을 선보일 예정이다. 애초 영화감독 마이클 베이는 ‘트랜스포머’ 1탄에서 한국 관객이 뜨거운 반응을 보이자 “‘트랜스포머’ 2탄에는 현대차를 포함시키겠다.”고 말했지만 결국 공식 스폰서로 참여한 GM대우 차량이 영화에 출연하게 됐다. GM대우는 지난 서울모터쇼에서도 ‘마티즈’ 후속 모델 부스에 인기그룹 소녀시대를 등장시켜 모터쇼 분위기를 한껏 끌어올린 데 이어 이번 영화로 다시금 주목을 받으면서 예상치 못한 ‘사전 마케팅’ 효과를 톡톡히 보고 있는 것. 이와 관련 GM대우 관계자는 “영화에 마티즈 후속 모델이 나와 생각지도 않은 많은 관심을 받고 있다.”면서 “영화 속 발랄하고 스포티한 이미지가 신차와 맞아떨어져 긍정적인 효과가 기대된다.”고 말했다.[88]

---

88) 스포츠서울 임홍규 기자, “GM대우, 트랜스포머 효과에 ‘함박웃음’”, 2009. 06. 16.

〈그림 2-21〉 트랜스포머2에 등장하는 마티즈 후속모델

(3) 투자유치 가능성 증대

투자유치 가능성 증대는 다른 말로 표현하면 기업의 문화투자가 투자자의 선호도를 높이는 데 도움을 준다는 것이다. 시장에서의 높은 선호도는 투자의 기회를 얻는 데 유리할 뿐만 아니라 주식의 가치를 높일 수 있어 주주들의 참여를 이끌어 낼 수 있게 된다.

(4) 효율적인 기업문화 정착

오늘날, 기업이 처한 환경은 이윤추구를 최우선으로 하는 사회로부터 인간성 존중의 사회로 변화를 거듭하고 있는바, 이에 상응하는 경영이 필요하게 되었다. 여러 가지 참고가 되는 일본의 기업은 1970년대에 들어서면서 이른바 CI(Corporate Identity)에 관해 진지한 방책을 검토하기 시작하여 기업으로서는 환경문제와 자원문제를 배경으로 경영이념을 명확히 하는 동시에, 자사의 역할을 명확히 할 필요가 발생했다.

우리 사회에서는 한 사람의 성격과 행동범위, 가치관 또는 소유하고 있는 지식과 정보가 그 사람의 정체성인 것처럼, 기업에도 그와 같은 정체성이 요구되는 사회에서 살고 있는 것이다. 이것이 바로 기업문화(Corporate Culture)이다. 휴렛팩커드(Hewlett Packard, HP), 맥도날드(Mcdonald), 3M(Minnesota Mining & Manufacturing Company), 제너럴 일렉트릭(General Electric, GE)의 공통점은 무엇인가? 해당 사업 분야에서 인정받는 훌륭한 기업일 뿐만 아니라 문화마케팅 및 사회공헌을 통해서 올바른 기업문화를 만들어 감으로써 더욱더 기업의 가치를 높여가고 있는 기업들이라는 것이다.

HP의 경우 사회공헌 프로그램의 일환으로 "글로벌 시티즌십(Global Citizenship)"이란 경영과 투자가 이루어지는 전 세계 모든 지역의 환경, 윤리, 노동, 기본권에 대한 기준과 가치를 준수하면서 비즈니스를 수행하기 위해 소비자들과 맺은 기업의 굳은 약속이다. HP는 세계적인 IT기업이기도 하지만 전 세계적으로 기업의 사회에 대한 책임을 다하려 노력하는 기업이다. 그리고 HP는 "교육 수준을 높이고 미개발 분야와 광범위한 통신을 지원하며 교육과 E-통합을 통해 HP기술을 소개하는 통합된 기업의식을 구현"하는 데 사명을 두고 있다. HP는 미국에서 최고의 기업 시민(Corporate Citizens) 100대 기업 중 상위 10위 안에 4년 연속으로 선정되는 등 기업의 사회 책임을 지켜나가는 모범기업이다. 이러한 일련의 사업들은 종업원들에게 많은 바를 시사케 해준다. 특히 HP의 경우 기업문화는 고위관리자에서부터 만들어지는 것이 아니라 종업원 스스로가 만들어 왔음이 고무적이라고 할 수 있다.

이처럼 기업들의 문화지원은 새로운 기업문화의 정착을 통해 효율성을 증대시키며, 직장동료 간의 신뢰와 정보공유를 바탕으로 한 문화예술에 대한 지원은 기업의 역량을 증대시키는 데 큰 역할을 감당해 나아가고 있는 것이다.

b. 시장우위 효과(Market Advantage)

상업적인 반대급부는 시장과 직접 관련된 목표를 가진 투자자들을 통해 가장 쉽게 증명될 수 있다.

(1) 매출증대

매출증대와 관련하여 기업의 문화투자는 목표시장의 매출을 증대시킬 수 있다. 영국에 진출한 Visa International사는 런던필름 페스티벌을 협찬함으로써 페스티벌티켓을 비자카드로 구입하는 비율을 전년도 30%에서 69%로 높일 수 있었으며, 미온적인 잠재고객에 대한 구매의도를 향상시킬 수 있다는 이점이 되었다.

(2) 브랜드 인지도 제고

브랜드 인지도 제고와 관련하여 기업의 문화투자는 틈새시장(Niche)에 대한 접근성을 제고한다. 소비자들과의 직접적 접촉이나 인터넷 정보를 통해서 타깃으로 하는 소비자들의 문화 코드를 이해하는 것이 아이디어를 얻기 위한 필수 조건이다. 'BMW 미니' 홍보 사례를 살펴보면, 지난해 국내에서 크게 인기를 끌었다. '카트라이더'와 제휴를 통해 BMW 미니를 카트라이더 게임에 등장시켰다. 또한, 카트라이더 대회에서 우승한 사람에게 경품으로 BMW 미니를 제공했다고 한다. 신세대들이 갖고 싶어 하는 젊고 세련된 이미지의 미니와 카트라이더가 함께 프로모션을 진행함으로써 상호 간에 큰 시너지를 낼 수 있었다. 외국 자동차 업체이지만 국내 신세대 소비자들의 라이프스타일과 관심사를 읽었기 때문에 가능했던 '펀 마케팅' 사례 중에 하나라고 할 수 있다.

(3) 고객유지

기업의 문화투자는 고객의 상표 충성도를 높일 수 있다. 호주에 진출한 Siemens사는 우수 고객에게 호주오페라단의 개막공연 표를 제공함으로써 장기적인 고객관리에 성공할 수 있었으며, 영국의 British Airways사는 공항의 긴 연결통로에 미술작품을 설치함으로써 그동안 거리가 멀다고 불평하였던 승객의 불만을 50% 감소시킬 수 있었으며, 20만 달러에 달하는 광고 효과까지 얻을 수 있었다.

(4) 가격프리미엄 획득

기업의 문화투자는 기업의 이미지제고가 동반되듯이 소비자의 선호도 뒤따르게 된다. 다수의 소비자들은 사회적 이미지가 좋은 기업의 제품이 좋을 것이라는 판단을 하게 되며, 이 때문에 보다 비싼 가격을 지불하면서도 구입할 의사를 갖게 되는 것이다. 호주에 진출한 Louis Vuitton사는 정상급 아트갤러리의 활동을 지원함으로써 호주 내에서 고품질로 인식되어 Louis Vuitton 상표의 입지를 보다 공고히

하는 데 효과를 거두었다.

(5) 마케팅전략의 다원화 효과

마케팅전략의 다원화는 시장 환경의 변화에 기인한다고 할 수 있다. 현대시장의 특성을 많은 상품과 서비스가 고객 기호에 맞추어 생산될 수 있게 되어 시장은 점차 세분화되고 전문화되는 탈대중화, 가정의 변화, 상표충성도의 저하, 규제완화, 신용카드사용의 증가, 서비스 산업의 성장, 정보화, 사회화, 신제품의 홍수, 유통경로의 다양화, 쿠폰제의 홍수, 텔레비전 광고효과의 하락, 새로운 영역의 확대 등으로 규정하는 학자도 있다.[89] 현재 시장 환경의 변화는 전통적인 마케팅 전략만으로는 현재의 시장 점유율도 유지하기 어려울 수 있음을 말해 주는 것이다.

현재 많은 기업경영자들은 기업의 기부행위를 기업경영의 중요한 한 부분으로 인식하며 기업의 향상유지보다는 기업의 발전을 위해서는 꼭 필요한 요인으로 많은 사람들이 생각하고 있다.

마케팅과 문화예술 활동을 잘 접목시킨 시례로 American Express사를 들 수 있다. 이 회사의 특징은 문화예술 행사의 후원을 기업의 상품과 직접 연결시킨다는 점이다. 1981년

---

89) Stan Rapp and Tom Collins, 「Maximarketing」(New York; McGraw‑Hill, 1987) 1~16.

샌프란시스코의 아트페스티벌에서 아멕스 카드 가입자가 카드를 1회 사용할 때마다 회사는 이 축제에 2센트씩 기부를 하였다. 그 결과 아멕스사는 이 행사에 10만 달러를 기부할 수 있었는데, 그것은 3개월 동안 50만 번의 카드사용이 있었다는 것으로 회사의 예상을 훨씬 초과한 것이었다.

그 이후, 아멕스사는 이 방법을 계속 확대하고 있다. 이와는 달리 문화예술 활동을 후원하면서 피후원단체나 개인을 회사의 광고에 등장시키는 방법도 있다. 영국의 UK Texaco사는 미국계 영국회사로 영국인들에게 이 회사가 영국의 회사라는 이미지를 심어주고 고객을 확보하기 위해 주로 영국에서 인기 있는 연예인들을 후원하고 그들을 광고에 등장시키는 방법을 이용하여 상당한 효과를 얻고 있다. 1976년에는 자동차 경주 챔피언인 James Hunt를 후원하였다. 텍사코사가 Hunt를 후원한 것은 영국 차에 영국운전자를 연결시킴으로써 텍사코사에 대한 영국인들의 친밀감을 높이기 위한 것이었다. 펩시콜라는 1984년 마이클 잭슨의 'Victory Tour in 1984' 프로그램에 1천만 달러를 내놓았다. 그 결과 펩시는 1천만 달러 이상의 광고 효과를 얻었다고 스스로 판단했다. 이 경우 마이클 잭슨의 가치가 먼저였느냐, 펩시의 인지도가 먼저였느냐는 불필요하다. 마이클 잭슨의 가치가 적어도 펩시가 돈을 내겠다는 생각을 할 만큼은 되어 있다는 부분이 무엇보다 의미가 있는 부분이다.

이처럼 기업들은 시장우위를 점하기 위하여 다양한 문화마케팅을 꾀하고 있는 것이다.

롤리팝, 콘텐츠의 힘

2009년 3월 28일 LG CYON 홈페이지에서 공개된 '롤리팝 프로젝트'는 1020세대에게 큰 인기를 얻고 있는 문화 아이콘 빅뱅(Big Bang)과 신인 여성 그룹 2NE1이 참여하여 큰 화제를 모았다.

LG전자의 홍보기사에 따르면, '롤리팝 프로젝트'는 단순한 신제품 휴대폰 소개가 아닌, 젊은 세대의 감성을 담은 음악, 안무, 패션 등이 결합한 '롤리팝 문화'를 제시하기 위해 LG전자 CYON과 YG 엔터테인먼트가 수개월간 준비해 왔다고 한다. 이러한 의도는 그대로 적중하여 각종 음원차트에서 공개되자마자 순위권에 진입하는 쾌거를 거두었다.

이러한 사례는 이제 기업이 단순히 기업과 제품의 정보만을 전달하는 일방적인 커뮤니케이션 방법보다, 소비자가 문화적 콘텐츠를 즐기며 자연스럽게 자사의 제품에 관심을 끌 수 있도록 하는 데에 중점을 두고 있다는 것을 설명해 주고 있다. 또한 문화마케팅을 통해 경쟁제품과는 확실하게 차별화된 이미지와 즐거움을 소비자들에게 심어줄 수 있음을 여실히 증명하였다.[90]

〈그림 2-22〉 LG CYON의 롤리팝 프로젝트

90) etnews 김상모 CYON 마케팅팀, "롤리팝, 콘텐츠의 힘", 2009. 04. 30.

c. 종업원 혜택 효과

종업원에 대한 혜택은 문화마케팅에서 기업경영의 중요한 요소로 대두된 종업원에 대한 관리를 보다 효과적으로 수행할 수 있게 해 준다.

(1) 노사관계의 개선

인간이 자기 내부에 존재하는 육체적·정신적 능력을 사용하여 의식적으로 바깥자연에 작용함으로써 자연을 인간에게 유용하도록 변화시키는 활동을 노동이라고 말한다. 예전에는 인간을 '경제인'으로 파악하여 제공된 노동에 대하여 임금만을 지불하면 되었다. 그러나 현대 근로자들의 노동은 전인적인 존재인 인간이 행하는 부분으로 간주하여 임금만이 근로자의 욕구를 충족시킬 수 있는 필요충분조건이 되지 못하게 되었다. 노사관계는 크게 3가지 요인의 축으로 구성된다. 즉 생산성의 향상, 인간성의 발휘, 노동조건의 향상(임금, 노동시간) 등이 그것이다. 근로자는 기업에서 노동만을 하는 기계가 아니라 사회생활을 하는 인간이기 때문에 생산성 향상을 위하여 기업 내부의 여건 개선은 물론 기업 외부와의 관계개선에도 노력을 해야만 되었다. 애사심을 높일 수 있는 방법에는 여러 가지가 있겠지만, 기업이 문화예술 활동을 후원하거나 독자적으로 기획하여 종업원들에게 참여할 기회를 부여하는 것이 기업문화의 활성화를 위한 적극적인 방법의 하나가 될 수 있다. 종업원과의 관계개선만을 목적으로 한 것은 아니지만 미국 오하이오 주 National City Bank(NCB)는 Cleveland Ballet의 호두까기 인형을 후원하여 종업원들과의 관계를 개선하고 있다. 이 후원의 대가로 관람권을 12~35달러에 구입하여 고객이나 종업원들에게 제공하고 있다.

(2) 신규직원 확보 및 유지

문화마케팅은 노사 관계뿐만 아니라, 고객과 잠재고객, 그리고 신규직원 채용에 있어서도 긍정적인 효과를 발휘하고 있다. Fortune지에 따르면, 다양한 문화예술 행사를 여는 것은 오늘날과 같은 세계경제체제하에서는 최상급의 경영인력과 그 가족들을 끌어 모으는 사교의 장으로서 핵심적인 요소가 되고 있으며, 종업원의 이직률을 낮추는 데에도 도움을 준다. New York의 Citibank의 경우 뉴욕 필하모닉의 유럽순회공연을 후원하면서 유럽지사의 현지 고용인들과의 관계개선의 효과를 보고 있으며, GE 또한 1955년부터 기부금 수혜자를 결정할 때 종업원들의 의사를 반영함으로써 후원행사에 근로자가 직접 참가하는 비율을 높일 수 있었다. 문화예술 활동의 지원은 기업에 대한 자부심을 고취시킬 수 있는 방법이 될 수 있는 것이다.

(3) 네트워킹

IBM사는 고객의 개별적인 취향을 고려하여 티켓을 제공함으로써 고객에게 즐거움을 제공하고 이를 통해 상업적인 관계를 강화시킬 수 있었으며, 이 과정을 통하여 관계되는 유명한 스타들을 판촉에 활용함으로써 마케팅 역량을 강화할 수 있었다.

아. 문화마케팅의 역할[91]

기업문화마케팅은 기업의 마케팅 역할만을 담당하는 것이 아니라 고객, 종업원, 지역, 국가가 고르게 혜택을 누릴 수 있어, 전통적인 마케팅에 비하여 성공적인 마케팅을 수행하면 기업이미지 제고와 사회 모두가 혜택을 누릴 수 있어 긍정적인 효과를 <그림 2 - 23>과 같이 거둘 수 있다.

a. 행복한 고객

기업문화마케팅은 개인(고객과 직원), 지역 그리고 국가 차원에서 행복지수를 향상시키는 데 기여하고 있으며, 고객의 감성적, 문화적 욕구 충족을 통한 효과적인 고객만족도 제고와 문화가 체화된 컬덕(Culture + Product), 컬비스(Culture + Service) 제공에 따른 고객의 소비 즐거움과 행복도 향상에도 기여하고 있다.

---

91) 한국메세나협의회, 전게서, 참고로 연구자가 재구성.

b. 행복한 직원

문화예술을 활용한 다양한 문화마케팅 프로그램을 통해 내부 고객인 직원들의 만족도 및 창의성 증진과 회사에 대한 자부심의 향상으로 업무의 효율성 증진과 행복한 직원에 의한 기업의 가치 제고의 역할을 문화마케팅이 훌륭하게 해 낼 수 있다. 특히 직원의 창의성 제고를 통한 생산성 향상 및 창의적 제품 및 서비스 개발이 근본적으로 기업의 경쟁력 제고에 영향을 미침으로써 기업 내부에서도 문화마케팅의 효과가 큰 것이다.

c. 행복한 지역

지역사회 구성원으로서의 기업에 대한 사회적 역할 요구 증대에 따라 문화예술과 관광의 결합 등을 통한 지역 경제 활성화에 기여하는 지역개발 사례가 각광을 받고 있다. 문화예술을 활용한 지역주민들의 삶의 질 향상을 통한 행복한 지역 만들기에 문화마케팅이 기여함으로써 지역과 기업이 고용과 피고용인으로서가 아니라 서로 상생할 수 있는 기회를 기업의 문화마케팅을 통해 이룰 수 있다. 지역주민들의 지역 기업에 대한 신뢰성과 호의적 이미지는 기업의 이미지제고뿐만 아니라 지속 가능 경영에 기여할 수 있는 수단이 되고 있다.

d. 행복한 국가

  결론적으로 기업의 문화마케팅을 통해 국가의 문화적 이
미지와 가치가 제고되며 해당 국가의 기업과 브랜드에 긍
정적인 문화이미지 구축(원산지 효과 등)을 통해 결국은 문
화후광 효과가 기업의 마케팅 성과에 영향을 주어 기업의
문화마케팅이 확대되는 유기적 순환관계가 형성된다. 따라
서 기업의 문화마케팅은 장기적이고 전략적인 기업의 문화
자산을 구축하고 더 나아가 국가의 문화적 이미지 구축을
통해 국가 브랜드 가치 제고에 기여하며 자국의 기업이 문
화적 후광효과를 누릴 수 있게 되는 것이다. 문화마케팅이
국가적 차원에서의 문화 복지를 통한 국민 삶의 질 향상에
따른 국민의 행복지수 향상과 더불어 궁극적으로 문화마케
팅의 효과를 토대로 기업뿐만 아니라 공기업, 정부산하기
관, 지자체, 비영리 조직 등이 문화마케팅 활성화를 통한
행복한 국가 만들기에 초점을 두어 시행해야 할 것이다.

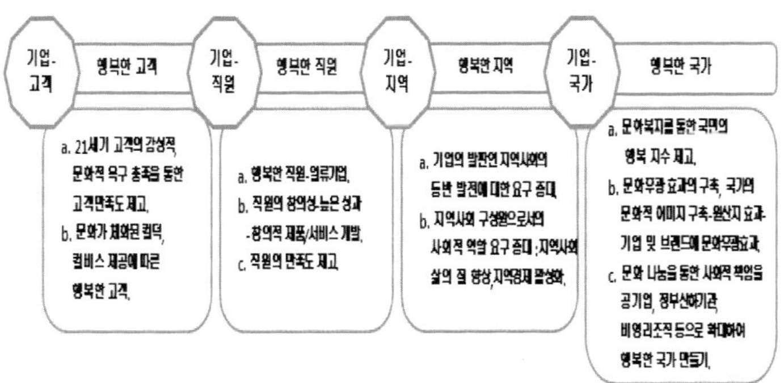

〈그림 2-23〉 기업문화마케팅의 역할92)

3. 기업이미지의 개념

가. 이미지의 개념

이미지란 학자마다 다양한 정의를 사용하고 있어서 통일된 견해를 찾기는 힘들지만, 일반적으로 개인이나 집단이 대상에 대해 갖고 있는 신념, 태도, 인상의 총합이라고 볼 수 있다.[93] 따라서 기업이미지는 소비자들이 기업에 관해 갖는 총체적 인상이라고 정의할 수 있으며, 이는 기업의 CEO 등 구성원, 그 기업이 생산하는 제품군, 브랜드 등에 대해서 소비자들이 갖게 되는 신념과 태도에 따라 결정된다고 할 수 있다. 그리하여 기업이미지가 제품이미지나 브랜드이미지와 구별되는 개념으로 사용될지라도 생성과정에 있어서는 서로 상호작용을 거쳐서 이루어진다고 볼 수 있다. 이러한 기업이미지는 전통적인 마케팅 수단들인 광고, PR(Public Relations), 판매촉진활동과 더불어 언론의 보도 등 다양한 경로를 통하여 창출된다.[94]

커뮤니케이션 분야에서는 Walter Lippman이 "이미지란 인간이 자극대상에 대해 가지는 상(象)"이라는 의미로 해석

---

92) 한국메세나협의회, 전게서 참고로 재구성.
93) Barich, H. & Kotler, P. "A Framework for marketing image management", Sloan management review, Winter, 1991, pp.94~104.
94) 윤각 · 서상희, "기업의 사회공헌활동과 기업광고가 기업이미지와 브랜드태도 형성에 미치는 영향력에 관한 연구", 광고연구, 제61호, 2003, pp.47~72.

하고 "우리 머릿속의 상은 주로 매스미디어로부터 얻어지는 상으로 구성된다."고 주장하면서 구체화되었다.[95]

마케팅 차원에서 말하는 이미지는 고객과 소비자들이 특정 기업체 및 특정제품에 대해서 가지고 있는 좋고 나쁜 지각(perception)을 말하며, 상표의 이미지에 포함되는 선호도와 상품 자체에 대한 선호도가 결부되어 소비자들이 특정 제품을 선택하고 구매하는 데 영향을 미치는 것이라 할 수 있다. 이미지는 마케팅 커뮤니케이션 측면에서 인식대상에 따라 일반적으로 제품이미지, 상표이미지 그리고 기업이미지 등으로 구분된다. 그밖에 점포이미지나 원산지이미지 등도 마케팅 커뮤니케이션 분야에서 소비자의 인식, 태도, 행동에 영향을 미치는 중요한 요소로 주목받아 왔다.[96]

마케팅 커뮤니케이션에서 처음으로 이미지가 중요하게 부각된 것은 1960년대에 상표이미지를 강조하고 광고의 역할을 장기적인 상표이미지 형성에 있는 것으로 본 David Ogilvy에 의해서였다.[97]

---

95) Lippman, W., "Public Opinion", Newyork: Macmillan. 1922.
96) 이규현, "소비자행동론", 경문사, 2003. pp.91~92.
97) 하봉준, "제품 구매의도에 영향을 미치는 기업이미지 요인에 관한 연구", 경희대 대학원 박사학위논문, 1999.

나. 기업이미지의 개념과 특성

a. 기업이미지 개념

기업이미지에 대한 관심과 중요성이 커지고 있는 상황에서 기업이미지는 다양하게 정의되고 있지만 요약하면 기업이미지는 "기업에 대한 공중의 태도의 총합(a summary of the public's attitudes towards a corporation)"으로서[98] 앞서 이미지의 개념을 도입하여 해석하면 "개인이 특정기업에 대해 가지는 주관적인 신념, 생각, 인상의 총체로서 그 대상에 대한 개인의 태도와 행동을 지배하는 것"으로 말할 수 있다. O' Sullivan과 그의 동료들은 기업이미지의 비실재성과 작위성을 지적하면서 "지금은 이미지가 실재를 재생하기보다는 수용자에게 소구하기 위하여 제조된 것(Fabrication) 또는 창출된 공작 인상(Public Impressions)을 의미한다. 기업이미지는 그 기업의 진정한 반영이라기보다는 제조된 것으로 간주된다……. (중략)……공중은 기업의 실체를 바르게 파악하지 못하고 실상과는 다른 허구적인 기업이미지에 따라 기업을 판단하고 이에 따른 행동을 한다."라고 말하고 있다.[99] 즉 구매자가 기업의 성격과 개성에 관하여 그리고 있는 마음속의 그림[100]으로 소비자 대중 및 관련 기관들이 제

---

98) Dutka, Solomon and Iroving Roshwalb, "A Dictionary for Marketing Research, NewYork"(Audirs & Surveys, Inc., 1983), p.23.
99) 최윤희, 현대PR론(나남출판, 1998), pp.245~246.

품이나 상표보다도 이들을 대표하는 기업 자체에 대해 가지는 이미지를 말한다.

기업이미지는 소비자가 받아들인 메시지의 누적을 통해 그 조직에 대해 갖고 있는 머릿속의 모습이다. 기업이 원할 때만 커뮤니케이션을 한다고 가정하지만 실제로는 평소 행동하고 말하는 모든 것을 통해서 기업은 커뮤니케이션을 하고 있는 것이다.[101]

기업이미지의 개념과 속성에 대해 Lippincott는 다음과 같이 말하고 있다.[102]

첫째, 기업이미지란 기업이 가지는 어떤 것이 아니라, 사람들이 기업에 대해 가지고 있는 어떤 것이다.

둘째, 기업이미지는 기업이 행하는 어떤 것이 아니라, 기업의 행동에 의해 발생되는 다른 사람의 반응이다.

셋째, 기업이미지의 발전에는 인간의 모든 감각이 동원되며, 결과로 얻어지는 인상은 논리적이기보다는 감정적인 것이다.

넷째, 기업이미지는 누구도 완전히 통제할 수 없다. 다만 부분적으로 선도할 수 있을 뿐이다.

---

100) Tillman, R., and Lorpatrick, C. A., Promotion, Persuasive Communication in Marketing, 1968, p.212.
101) Dowling, G. R., "Developing your company image into corporate asset", Long Range Planning, Vol.26, 1983, p.27.
102) 박재진. "Corporate Image란 무엇인가?", 디자인포장, 통권 제21호 1975년, pp.72~75.

그러나 이러한 다양한 기업이미지 개념과 속성 외에 무엇보다 기업이미지는 기업이 생산하는 제품에 대한 태도 및 구매의사 결정과정에 영향을 미쳐 매출을 증대시키는 데 큰 역할을 할 수 있다. 오늘날 기업 간의 경쟁이 심화되고 기술수준은 점차 평준화되어 제품 자체에 의한 차별화가 어려워짐에 따라 소비자들도 구매결정을 하는 데 있어 기업이미지에 의존하는 경향이 증대되고 있다. 또한 제품의 다양화, 제품 수명주기의 단축에 따라 상표 개개의 이미지 형성은 비용이 많이 들고 효율성도 낮아지게 된 상황에서, 긍정적 기업이미지의 구축은 마케팅 커뮤니케이션 효율성을 높이는 방안이 되고 있다.

b. 기업이미지의 특성

기업이미지는 기업의 실체(Corporate Identity)와 구별되는 개념이다. 기업실체는 기업이 주체적이고 능동적으로 창조하여 공중들에게 전달하는 기업의 인상이고, 기업이미지는 공중이 기업정보에 접촉한 결과로서, 형성되는 기업의 인상을 말한다. 따라서 기업의 실체는 단일하지만, 기업이미지는 이미지를 형성하는 개개인에 따라서 서로 다르게 형성될 수 있다. 또한 기업이미지는 제품이미지나 상표이미지와 구별되는 개념으로 사용되지만 생성과정에 있어서는 서로 상호작용을 거쳐 이루어진다.[103]

기업들은 소비자에게 전달되는 모든 정보를 통합하여 적합한 기업이미지를 형성할 수 있도록 관리해야 하는 과제를 안고 있다. 기업들은 다음과 같은 기업이미지의 특성을 최대한 반영하는 전략을 구사함으로써, 목표로 삼은 기업이미지 형성이 달성될 수 있도록 노력해야 한다. 기업이미지 특성은 다음과 같다.

첫째, 이미지는 종합적인 성격을 띤다. 기업의 목적을 달성하기 위해 계획되고, 특별한 인상을 심기 위해 만들어지는 기업이미지는 기업이 내세우는 등록상표(Trademark)나 슬로건같이 단순히 의도적이고 외형적인 것 외에도 경영자 개인, 관습, 제품, 서비스 등 전반적인 것에 대한 종합적인 인식이라는 특성을 지녔다.

둘째, 이미지는 신뢰할 수 있다는 특성을 지녔다. 신뢰할 수 없는 이미지는 기업의 목적에 전혀 부합될 수 없을 것이므로, 대다수의 인식에 공통성을 지니는 이미지는 신뢰할 수 있다고 보는 것이다.

셋째, 이미지는 수동적이다. 이미지는 이미 기업실체를 반영하는 것으로 가정하므로, 이미지의 창출자, 즉 잠재고객은 이미지를 무시하지 않고 기존 이미지에 적응하려는 경향이 있으므로 수동적인 특성을 지녔다.

---

103) 정상권, "기업광고에 의해 형성된 기업이미지가 광고태도에 미치는 영향", 전주대 대학원 박사학위논문, 2005.

넷째, 이미지는 단순하다. 공중에게 인식되는 기업이미지는 한마디로 요약될 수 있을 만큼 단순하다. 따라서 기업의 입장에서 효율적인 이미지 전략을 세우려면 이미지의 단순성을 살릴 수 있는 간략하면서도 뚜렷한 이미지 부각을 위해 노력해야만 한다.

다섯째, 이미지는 애매모호하다. 이미지는 상상과 감정, 기대와 실제 사이의 어딘가에 중간적으로 떠 있는 애매 모호성을 지닌다. 특히 장래의 예측할 수 없는 변화나 목표시장이 아닌 다른 사람들의 요구에도 어느 정도 적응할 수 있는 특성을 지니고 있으므로 전략적인 면에서 특히 중요시해야 한다.[104]

다. 기업이미지의 구성요소

최근 치열한 경쟁 상황으로 기업에 대한 이미지가 경쟁력에 중요한 요소가 되었다. 그리하여 기업이미지를 향상시킬 수 있는 방법을 아래 <표 2-16>과 같이 나타낼 수 있다. 즉 기업이미지는 제품, 업무활동 등에 의해서 전달되기도 하고 다양한 전략들에 의해 전달되기도 한다. 그러나 이를 보다 적극적으로 공중에게 알릴 수 있는 방법은 기업

---

104) 이진희, "기업광고가 기업이미지 형성에 미치는 영향에 관한 연구", 동덕여대 대학원 박사학위논문, 1999.

광고와 홍보활동 등과 같은 커뮤니케이션 활동이나 스포츠
와 이벤트 형태였으나 소비자의 감성적 제품 선택 성향이
늘어나면서 본 연구에서 다루고 있는 문화마케팅과 같은
활동에 의해서 기업이미지가 향상되기도 한다.

<표 2-16> 기업 이미지 향상 전략[105]

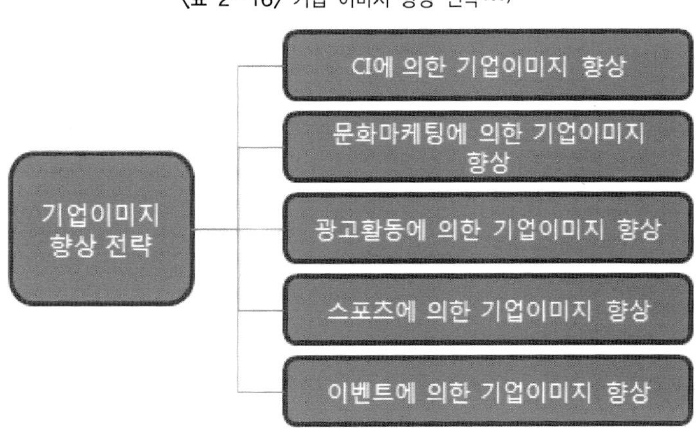

Winters[106]는 기업행동요소, 사회적 행동요소, 기업공헌
요소 등 세 가지를 기업이미지 형성에 영향을 미치는 구성
요소로 제시하였다.

① 기업행동(Business Conduct) 요소

---

105) 손레지나, "한국기업의 이미지 전략", 서울, 한국능률협회, 1989, p.42를 참고
로 연구자가 재구성.
106) Winters, L. C., "The Effect of Brand Advertising on Company Image:
Implications for Corporate Advertising", Journal of Advertising Research,
Vol.26, Apr/May 1986.

이는 좋은 품질과 서비스의 제공, 적정 가격의 설정, 고품질의 제품 생산 등의 마케팅이미지를 형성한다.

② 사회적 행동(Social Conduct) 요소

환경보전에 대한 관심, 공공이익에 대한 관심, 공정한 세금 납부 등의 사회적 관행 이미지를 형성한다.

③ 기업공헌(Contribution) 요소

문화·예술 등에 대한 지원, 보건·교육·사회적 복지 프로그램에 기부하는 것 등의 물질적 지원을 말한다.

특히, Winters는 기업의 전반적인 이미지 형성에 미치는 가장 중요한 요소는 기업행동에 의한 마케팅이미지이며, 기업에 대한 호의적 태도가 저조하거나 공중관계 문제가 큰 비중을 차지하는 경우에는 사회적 관행 이미지가 가장 중요한 요소라고 설명하고 있다.

Yamaki Tosio[107]는 기업이미지를 다음과 같이 구분하고 있다.

첫째, 제품 및 서비스 차원으로 상품의 품질과 성능, 소비자에 대한 관심과 서비스이다.

둘째, 기업의 사회성 차원으로 사회 활동과 봉사, 문화·예술·학원 후원, 기업 활동의 정당성, 환경오염 방지 노력이다.

셋째, 경제 활동 차원으로 광고·PR·연구·기술 수준

---

107) 八券俊雄, "企業Image 戰略", 産能大出版部, 東京, 1984.

발전에 대한 기여이다.

넷째, 전통과 발전성 차원으로 역사와 전통, 장래성, 경영 능력, 철학, 노사관계이다.

또한, Yamaki Tosio는 업종별에 따라 기업이미지의 결정 요소가 달라지는가를 보여주는 실증연구를 실시하여, 일본 의 경우 전기업계에서는 기술, 신뢰성, 안정성 요인 순서로 중요하게 나타났으며, 소매업계에서는 신뢰성, 안정성, 고객 서비스 요인 순으로, 증권업계에서는 규모, 신뢰성, 안정성 요인 순인 것으로 나타났다. 기업이미지에 대한 국내 연구 로는 신중진[108]이 전자업계를 대상으로 한 연구에서 기업 내부의 안정, 기업혁신, 사회적 신뢰, 기업성장, 투자유인, 대외인식, 국가 사회공헌 등 7가지 요인으로 구분하였고 전 체 이미지에 미치는 요인으로 기업 내부의 안정성, 사회적 신뢰, 대외적 인식의 3가지 요인이 가장 큰 영향을 미치는 것으로 나타났다.

일본 경제신문사가 제시한 7가지 이미지 <표 2 - 17>을 중심으로 Yamaki Tosio는 9가지의 기업이미지 구성요소를 제시하였다.

① 제품적 요소: 제품의 품질, 제품의 성격, 제품의 명성

② 기술적 요소: 기술력, 연구 개발력, 신제품 개발 활동

③ 마케팅적 요소: 소비자 문제에 대한 성실성, 고객에

---

108) 신중진, "기업이미지와 제품선택에 관한 실증적 연구", 고려대 경영대학원, 1988.

대한 서비스, 광고 홍보활동, 판매망의 확대

④ 장래적 요소: 장래성, 신뢰성, 적극성, 시류성

⑤ 사풍적 요소: 사풍, 기업 청렴성, 친숙성, 근무부위, 후생복지제도

⑥ 신뢰적 요소: 신뢰성, 안전성, 역사와 전통, 기업의 규모성

⑦ 경영적 요소: 경영자의 우수성, 경영조직의 체계성

⑧ 국가 사회적 요소: 국가사회공헌도, 사회봉사 활동, 공해방지노력

⑨ 종합적 요소: 일류기업이라는 생각, 주식을 구매하고 싶은 생각, 입사하고 싶은 생각

Marken(1990)은 기업이미지가 기업이 말하고 행하는 모든 것으로 구성된다고 주장하면서 제품, 서비스, 재정, 종업원이 이를 구성하는 요소라고 보았다.[109]

Brown and Dacin은 기업이미지 요소로서 제품과 서비스를 생산하고 전달하는 전문적인 기업의 능력과 중요한 사회이슈와 관련한 기업의 사회적 책임(CSR)을 들고 있다.[110]

하봉준[111]은 기업이미지 개념을 제시하고, 구성요인에 대

109) Marken, G. A, "Corporate Image - We All Have One, but Few Work to Protect and Protect it", Public Relations Quality, Vol.35, No.1, 1990, pp.21~23.
110) Brown, T. J. and Dacin, P. A, "The Company and Product: Corporate Associations and Consumer Product Responses", Journal of Marketing, Vol.61, January, 1997, pp.68~84.

한 기존 연구들의 검토를 통해 기업이미지를 제품 관련 이미지(제품/서비스 품질, 고객만족 노력, 메이커 신뢰성, 첨단 기술 개발력), 사회봉사이미지(국가경제 기여, 환경보호 노력, 문화예술 지원, 사회봉사 활동), 그리고 기업 특성 관련 이미지(역사와 전통, 세계적 경쟁력, 혁신적 기업, 노사 간 화합) 등을 측정 척도로 하여 전자제품 제조회사, 생명보험사, 증권사, 자동차 제조회사 등의 구매의도와 기업이미지 간의 관계를 검증하였다. 이 결과 제품 관련 이미지가 제품 구매의도에 가장 큰 영향을 주는 것으로 나타났고, 관여도에 따른 차이도 검증을 실시하여 제시하였다.

라. 기업이미지의 목적과 기능

기업들 사이의 기술 격차가 줄어들어 제품경쟁이 치열해지고, 제품수명 주기가 단축되는 등 무한경쟁체제에 접어든 기업들은 호의적 기업이미지의 확보에 갖은 노력을 다하고 있다. Webster는 기업이미지가 다음과 같은 역할들을 하고 있기 때문에 기업들이 호의적 기업이미지 확보를 위해 노력하고 있다고 설명했다.[112]

---

111) 하봉준, "제품 구매의도에 미치는 기업이미지 요인에 관한 연구", 광고연구, 1999.
112) Webster, F. E. Jr., Marketing Communication: Modern Promotional Strategy, John Wiely & Sons inc., 1971, pp.604~607.

〈표 2-17〉 기업이미지 구성요인에 관한 기존 연구 결과[113]

연구자	기업이미지 구성요인
일본경제신문 (1968)	- 기술이미지: 기술수준, 연구개발력, 신제품 개발에 대한 노력 정도. - 마케팅이미지: 고객서비스, 소비자 문제에 대한 관심, 공정한 세금 납부, 공중에 대한 관심. - 장래성 이미지: 장래성, 시대감각. - 사풍이미지: 깨끗한 느낌, 근대적인 사풍, 친밀감. - 고답적 이미지: 신뢰성, 안정성, 전통성, 기업규모. - 경영자 이미지: 경영자의 경영능력. - 종합적 이미지: 일류기업, 주식구매의도, 취업의도 등.
Webster(1971)	- 기업광고, 경영자의 언행, 관련 업체의 평판·광고, 소비자 평판, 제품사용경험, 상표·회사명의 유명도와 지각도, 공급업자 관계, 종업원 관계.
Feber(1974)	- 제품: 고품질. - 기업의 선도성: 성장 및 확장속도가 빠른 기업. - 고객관계: 불만의 공정한 처리. - 윤리: 보증과 약속의 성실한 이행. - 사회적 책임: 양호한 지역사회관계의 지속. - 종업원관계: 일하고 싶은 좋은 기업. - 부정적 항목: 고가격 또는 환경오염.
Winters(1986)	- 기업행동(좋은 품질과 서비스, 적정가격, 고품질의 제품생산.) - 사회적 행동(환경, 공공이익, 세금납부, 공중에 대한 관심.) - 기업 공헌(문화·예술 지원, 보건·교육·사회복지에 대한 지원.)
Yamaki Tosio (1986)	- 제품, 기술, 마케팅, 장래, 사풍, 경영, 신뢰, 국가사회, 종합.

첫째, 기업이미지는 소비자의 구매 결정에 있어서 그 조성 요인으로 작용하여 사전 판매의 역할을 한다. 강력하고 선명한 기업이미지는 그 기업의 제품에 대한 소비자의 신뢰를 증대시키며 이를 구매하고자 하는 의사결정을 내리게 한다.

---

113) 이진희(1999, pp.50~54.), 하봉준(1999, p.22.), 박기남(2002, p.30.) 참고로 연구자가 재구성.

둘째, 제품의 다양화, 제품수명주기의 단축에 따라 각 제품 및 상표에 대해 별개의 이미지 형성을 꾀하는 것은 비능률적인 경우로 인식되게 되었다. 그래서 기업이미지나 상표 이미지의 효율적인 관리를 통하여 이를 제품 이미지와 어떻게 연결시켜 나갈 수 있는가 하는 것이 가장 중요한 문제로 부각되었다.

셋째, 좋은 기업이미지는 기업 활동 전반에 걸쳐 양호한 공중 관계를 형성시켜 줌으로써 기업의 사회적 수용을 가능하게 한다.

넷째, 좋은 기업이미지는 기업의 성장을 위해 필요한 자금의 조달과 인재를 확보하는 데 있어서 중요한 고려사항으로 인식되는 기업의 신뢰성, 안정성, 발전성 확보에 유리하게 작용한다.

다섯째, 기업 내부의 종업원들은 자기가 몸담고 있는 기업의 이미지가 좋게 인식될수록, 그 기업에서 일하고자 하는 근무 의욕이 증대된다. 즉 종업원의 사기에도 영향을 미치게 되며 장래의 기업 구성원이 될 인재의 확보 수단으로서도 작용한다.

따라서 기업이미지의 제고는 기업이 상대로 하는 다양한 집단별로 호의적인 관계를 형성함으로써 기업에 기여하게 되는데 구체적으로 다음과 같은 역할을 하는 것으로 평가되고 있다.[114]

첫째, 좋은 기업이미지는 기업 활동 전반에 걸쳐 호의적인 공공관계를 형성시켜 줌으로써 기업 활동에 대한 사회적 수용 및 지지를 용이하게 한다. 이는 특히 신사업 진출, 신시장 개척 등에 있어 결정적인 영향을 미치기도 한다.

둘째, 좋은 기업이미지는 기업의 성장을 위해 필요한 자금 조달을 용이하게 한다. 기업의 안정성, 신뢰성, 발전성 등에 대한 이미지가 금융권 및 투자자로부터의 자금 유입에 결정적 영향을 미치고, 주식시장에서도 자사의 주식가격을 높임으로써 적대적 인수합병으로부터 기업을 보호하는 역할도 한다.

셋째, 기업에 종사하는 종업원들의 사기를 고양시키고, 근무의욕을 증진시킴으로써 기업의 생산성을 향상시킨다. 아울러 호의적인 이미지 구축은 유능한 인재를 기업으로 유인하는 데에도 기여한다.

즉 소비자주의의 발전과 기업의 사회적 책임 및 의무에 대한 공중의 관심이 증가되고 있는 시점에서 기업이미지의 관리 필요성은 더욱 강조되고 있다. 기업이미지는 기업의 사회적 책임에 대한 공중들의 요구에 대응하고 공중의 인식과 기업의 실체를 연결하는 매우 중요한 역할을 하기 때문이다.

이미 앞에서도 살펴보았지만 기업경영의 실천적 측면에

---

114) 하봉준, 1999, 전게서.

서나 마케팅 연구 측면에서 기업이미지의 중요성이 대두된 것은 그리 오래되지 않았다. 그러나 경제의 발전 추이와 기업들의 사회적 책임론이 대두되면서 기업들은 자신들이 처해 있는 정확한 위치를 파악하고 사회적으로 신뢰받는 기업으로 인정받는 것에 관심을 갖게 되었다.

앞으로도 기업의 목적을 효율적으로 달성하기 위해서는 기업과 주위 이해관계자들 사이에 호의적인 관계를 형성하는 것이 중요하고, 따라서 이러한 관계의 실상이 어떠하며 또 그 관계를 호의적으로 개선하기 위해서는 어떤 방안을 강구해야 할 것인가 하는 문제해결을 위해 기업이미지의 중요성은 부각될 수밖에 없다.[115]

4. 소비행동의 개념

가. 소비자의 의사결정단계

Cohen[116]은 소비자 행동을 경제적 재화와 서비스를 취득하고 사용하는 데 직접적으로 관련된 의사결정단위의 행동과 이러한 행동에 선행되는 의사결정단위를 포함하는 것이라고 정의하고 있다. 이러한 소비자 행동에 대한 연구는 1960

---

115) 신유근, 한국기업의 특성과 과제, 서울대학교 출판부, 1984, pp.221~222.
116) D. Cohen, "Consumer behavior", Random House, Inc, 1981. p.4.

년대에 이르러 소비자 지향의 마케팅에 관한 시각이 형성됨에 따라 마케팅에서는 그 비중이 점차 확대되었다.

조성규[117)는 소비자 행동을 경제적 재화와 서비스를 입수하는 데 사용되는 것에 직접 관련된 개인의 행동을 일컫는 것으로, 이것에는 이들 행동을 결정하며 이에 선행되어야 할 의사결정 과정을 포함한다고 정의하면서 소비자 행동은 하나의 의사결정과정이라고 하였다. 장흥섭 외[118)는 이러한 소비자 구매 결정 과정은 어떤 특정 개인이 재화나 서비스의 구매 여부와 언제, 어디서, 무엇을, 어떻게, 누구로부터 구매할 것인가를 결정하는 과정이라고 정의하였다.

또, 소비자의 구매의사 결정은 소비자가 자신이 처해 있는 현 상황과 바라는 이상적인 상황과의 과정으로, Kotler[119)는 다음의 5단계로 나누어 설명했다.

첫째, 문제인식괴리가 심할 때 문제를 인식하거나 필요를 인식하게 된다. 내·외부의 자극을 통해 자신의 필요나 문제를 인식하게 되고, 구매행동을 유발하게 된다.

둘째, 정보탐색은 문제를 인식한 소비자가 자신의 욕구를 만족시킬 수 있는 해결책을 위한 정보를 기억 속에 충분히

---

117) 조성규, "서울특별시 의약품 구매자의 구매의사결정에 관한 실증적 연구", 고려 대학교 대학원 석사학위논문, 1981. p.40.
118) 장흥섭 외 8인, "마케팅", 2000, 삼영사.
119) Kotler, P., Marketing management: Analysis, planning, and control(5th ed.), Englewood Cliffs. NJ: Prentice - Hall, 1984.

갖고 있지 못한 경우, 외부에서 정보를 찾는 외적 탐색에 나선다.

셋째, 정보탐색과정을 거친 뒤 많은 상표들 중 어떠한 상표를 선택할 것인가 하는 문제에 부딪히게 되는데, 이 단계가 바로 대안의 평가 단계로서 소비자가 상표 선택에 도달하기 위해 대안들에 관한 정보를 처리하는 단계이다.

넷째, 평가단계에서 각 상표들에 대한 평가가 이루어진 후 소비자는 구매의사결정을 하게 된다.

다섯째, 제품을 구매한 후 소비자들은 제품에 대하여 만족 또는 불만족 등의 반응을 나타내며 이는 다시 구매 후 행동으로 이어지게 된다. 소비자들의 구매에 대한 만족, 불만족은 소비자들의 기대와 제품의 지각된 성능 간의 관계에 의해 결정된다. 이 모델에 따르면 소비자들은 모든 구매에서 다섯 단계를 모두 거치는 것처럼 보인다. 그러나 일상적인 구매에서는 어느 단계가 생략되고 순서가 바뀔 수도 있다.[120]

나. 구매의도와 전반적 기업이미지의 관계

대상과 사물에 이미지를 형성하게 되면 정보나 지식에 의

---

120) 서정래, "아파트 브랜드가 소비자의 아파트 구매에 미치는 영향에 관한 연구", 경희대 언론정보대학원 석사학위논문, 2001.

존하기보다는 이미지에 의해 반응하는 것이 일반적이므로 기업이미지와 구매의도 간의 관계는 날로 중요하게 다뤄지고 있다. 소비자들은 복잡한 정보보다는 자신의 경험이나 대상과 사물의 이미지를 통하여 단순화시키는 과정을 거친다. James[121]는 점포이미지에 대한 연구에서 기업 이미지가 최종 선택에서 최종적 대안 결정에 대한 판단의 준거로서 작용하기보다 최종 선택 이전의 대안 평가단계에서 배제 결정 또는 적극적 고려를 위한 신뢰감 내지는 안정감 조성에 큰 기여를 하는 것으로 보았다.

Erickson, Johanson & Chao[122]는 이미지 변인들이 제품에 대한 추론적 신념의 형성에 영향을 미치고, 감정적 반응을 불러일으켜서 태도형성에도 영향을 미치게 된다고 가정하였다. 그는 연구 결과를 통해 이미지가 정서적인 것만은 아니고, 소비자들의 추론을 통해 신념에 영향을 미친다고 하였다.

Loudon and Bitta[123]은 기업이미지가 소비자 구매 결정에 있어 조성요인으로 작용하고, 사전 판매의 역할을 한다고

---

121) Don L. James., Richard M. Durand and Robert A. Dreves, "The Use of Multi-attribute Attitude Model in a Store Image Study", Journal of Retailing, Vol.52(Summer), 1976, pp.25~26.
122) Erickson, Gary M., Joney K. Johanson and Parl Chao, "Image Variables Multi-attributes Product Evaluation: Country-of-orgin Effects", Journal of Consumer Research, Vol.11(September), 1984.
123) Loudon, David L., and Albert, J. Della Bitta, "Consumer Behavior", McGraw-Hill Inc. 1987, pp.215~216.

보았다. 즉 강력하고 분명한 기업이미지는 그 기업이 생산하는 제품에 대한 소비자의 신뢰성을 증대시키고 이는 제품을 구매하고자 하는 선유경향을 갖게 한다는 것이다.

이러한 논의를 통해 기업이미지는 제품의 구매의도에 중요한 결정요인이라는 사실을 알 수 있었다. 그러나 본 연구에서 보고자 하는 기업이미지는 문화마케팅에 의해 증가된 기업이미지로, 일반적인 기업이미지 개념보다 문화예술 요소가 더욱 강조된 것이다. 이러한 기업이미지가 구매의도에 작용하기 위해서는 구매의사 결정시 기업이미지에 의해 긍정적으로 형성된 부분, 즉 문화마케팅의 부분이 중요하게 작용한다는 것이다. 기업의 문화마케팅은 기업에 대해 긍정적인 이미지를 갖게 해 주며 이는 소비자의 구체적인 행동 패턴 또는 태도로 나타난다는 것을 선행연구를 통해 알 수 있다. 뿐만 아니라 제품에 대한 구매의도에도 영향을 미친다. 구매의도란 환경이나 상황적인 조건만 조절하면 행위로 나타날 수 있는 심리적 상태, 즉 행위 직전의 단계라 할 수 있다. 일반적으로 소비자의 구매행동은 구매하고자 하는 의도와 관련된다. 또한 구매 의도는 구매대상에 대한 태도가 어떠한가에 따라 영향을 받는다. 결국 소비자의 구매 의도는 기업에 대한 태도에 따라 달라질 수 있다.

1970년대 기업의 윤리 경영에 대한 관심이 고조되면서 소비자 구매 행동과 윤리경영에 관한 많은 연구가 있었다.

대표적인 연구로 자동차 배기가스를 억제하는 가솔린이 소비자의 구매의도에 미치는 영향에 관한 연구가 있었다. 연구 결과 소비자들은 이 제품이 대기오염을 줄이는 데 도움이 된다는 이유로 높은 구매의도를 보였다.[124]

Anderson과 Cunningham[125]은 "사회적·환경적 책임감에 대한 요구가 확대됨에 따라, 사회적·환경적 정황을 무시하는 기업에 대한 소비는 효율적이지 못하다."라고 주장했다.

즉 구매의도란 소비자가 상품을 구매하려는 행동에 대한 개인이 보여주는 구도로의 의도이다. 그러나 이러한 구매의 원인이 되는 인간행동을 일으키게 하는 원인이 무엇인가에 대한 해답을 간단하게 설명하기가 쉽지 않다. 그것은 인간의 욕구가 천차만별이기 때문에 그것을 몇 가지로 유형화하기가 어렵기 때문이다. 이처럼 인간 욕구의 정의는 여러 개의 동일개념으로 형성되어서 모든 사람에게 수렴될 만한 정의와 구분이 없는 실정이다. 일반적으로 구매의도란 소비자가 가지는 구매에 대한 의지를 뜻하는 것으로, 소비자의 구매행동을 이해하는 데 있어서 구매태도와 구매 행동 간의 연결점이라고 볼 수 있으며, 구매의도와 구매 행동 간에

---

124) Kassarjian Harold H., "Incorporating Ecology into Marketing Strategy: The case of Air Pollution," Journal of Marketing, 35, July, 1971, pp.4 2~47.
125) Anderson, W. Jr & William Cunningham., "The Socially Responsible Consumer", Journal of Marketing, 36, July, 1972, pp.76~116.

는 밀접한 관련성이 있다고 논의가 되어 왔다.[126)]

몇몇 연구에서는 기업이 윤리경영을 실행하는 것이 해당 기업이나 그 기업의 제품에 대한 소비자들의 호의적인 태도와 구매의도를 낳는다고 밝혔다.[127)]

또 다른 연구에 의하면 제품 가격과 품질이 동일하다면 윤리경영을 실행하는 기업의 제품을 구매하겠다는 소비자가 전체 응답자의 76%를 차지했다.[128)] 그리고 75%의 소비자들이 아무리 가격할인을 많이 하더라도 '사회적으로 무책임한' 기업의 제품이나 서비스는 구매하지 않겠다고 응답하였다.

다. 구매의도의 중요성

구매의도는 실제 구매행동을 예측하기에 가장 좋은 변수로 알려져 왔고, 또한 측정하기 가장 용이한 변수이다. 이런 구매의도의 중요성은 다음과 같이 세 가지로 요약할 수

---

126) 이찬우, "인터넷 쇼핑몰 사이트가 가지는 매체풍부성이 소비자의 구매의도 및 사이트 만족도에 미치는 영향 분석", 한양대 석사학위논문, 2000.

127) Brown, Tom J. and Peter A. Dacin, "The Company and the Product: Corporate Association and Consumer Product Response.", Journal of Marketing 61, January, 1997, pp.69~84; Ross, J. K., Paterson L. T & Stuffs, M. A., "Consumer perception of organizations that use cause related marketing", Journal of the Academy of Marketing Science, pp.93~99. 1992.

128) Cone & Roper, Cause-Related Marketing Trend Report 1997: CRM becomes a tie-breaker in the purchase decision.

있다.

첫째, 흔히 소비자 연구에서 어떤 이루어지지 않은 행동을 측정하려고 할 경우 그 의도를 측정하게 되는데, 이런 연구들이 의도에 기초해서 '예측'을 목적으로 하는 연구이므로 중요한 변수가 된다.

둘째, 신제품의 경우 그 성공 여부를 가늠하기가 어려운데 일정 수량의 샘플과 일정 수 이상의 피보험자를 대상으로 그 성공 여부를 조사함에 있어 구매의도라는 변수를 사용하게 되는데, 이런 연구가 '새로운 제품의 테스트'를 목적으로 하는 것이다.

셋째, 시장 세분화를 목적으로 하기도 하는데 특정 제품에 대한 구매의도를 기준으로 구매행동도 이와 같을 것이라 보고, 목표시장을 '세분화'함에 있어 의도라는 변수를 측정함으로써 시장세분화가 가능하여 기업에서 중요한 요소로 인식되고 있다.

Ⅲ 연구 설계

1. 연구 모형

제2장의 이론적 고찰을 통해 국내·외 여러 학자들의 문화마케팅, 기업이미지, 소비행동에 대한 연구들을 검토 및 비교하고 개념을 정리해 보았다.

본 연구는 우선 문화마케팅을 유형에 따라 세 가지 유형으로 구분하고, 이 세 가지 유형의 문화마케팅이 기업 이미지 형성에 미치는 영향을 알아본다. 또한 기업 이미지형성이 소비행동에 미치는 영향과 문화마케팅 유형에 따른 기업이미지 요인들이 소비행동에는 각각 어떠한 영향을 미치는지를 살펴보고자 한다.

이에 따라 본 연구의 독립변인은 문화마케팅을 유형별로 구분한 심상민(2002), 오세정, 김홍규(2006)의 분류체계를 따라 문화판촉, 문화지원, 문화기업 등 세 가지로 설정했다.

또한 Winters(1986)가 제시한 기업 이미지의 3가지 요인 중 기업공헌(Contribute)이미지를 제외한 기업행동(Business Conduct)이미지와 사회행동(Social Conduct)이미지 요인을 설정하고 Yamaki Tosio(1984)가 제시한 9가지 요인 중 기업신뢰와 마케팅행동요인에 적합한 요인으로 매개변인을 4가지로 설정했다.

그리고 종속변인은 소비행동으로 설정했는데, 본 연구에서 소비행동을 구매의도 문항으로 강신도,[129] 허광일,[130] Brooks,[131] 김용만[132]의 선행 연구를 기반으로 하여

"첫째, 문화마케팅을 한 기업의 제품을 구매하고 싶다.

둘째, 비슷한 수준이라면 문화마케팅을 한 기업의 제품을 구매하고 싶다.

셋째, 문화마케팅을 하고 있는 기업의 제품은 믿음직하므로 다른 제품에 비해 더 구매하고 싶다.

넷째, 문화마케팅을 한 기업 제품의 품질은 우수할 것이라고 생각하고 있다."로 구성하였다. 본 연구에서는 문화마케팅을 유형별로 분류하고, 이 분류된 내용에 따라 구체적

---

129) 강신도, "스포츠 스폰서십을 이용한 광고효과에 관한 연구", 동국대 정보산업대학원 석사학위논문, 1998.
130) 허광일, "기업의 스포츠 팀을 통한 마케팅이 소비자 행동에 미치는 영향", 한양대 대학원석사학위논문, 1998.
131) Brooks, C. M., "Celebrity Athlete Endorsement: An Overview of the key Theoretical Issues", Sports Marketing Quartely, Nov. 2, 23~32, 1998.
132) 김용만, "월드컵 축구 대표 팀 스폰서십이 스폰서 인지도 및 상표 선호도에 미치는 영향", 한국 스포츠 행정, 경영학회지, 제3권, 16~30, 1998.

인 기업이미지 형성과 소비행동에 미치는 영향을 살펴보는 것이 목적이다. 실증 연구를 통해 살펴보고자 하는 연구 질문은 다음과 같다.

첫째, 기업이 행하는 각각의 문화마케팅 유형(문화판촉, 문화지원, 문화기업)이 기업이미지(기업행동이미지, 사회행동이미지, 기업신뢰이미지, 마케팅이미지)에 어떤 영향을 미치는지 알아보고, 둘째, 문화 마케팅 유형(문화판촉, 문화지원, 문화기업)으로 형성된 기업이미지(기업행동이미지, 사회행동이미지, 기업신뢰이미지, 마케팅이미지)가 소비자의 소비행동에는 각각 어떤 영향을 미치는지 알아보고, 셋째, 종합적으로 문화 마케팅 유형별로 기업이미지(기업행동이미지, 사회행동이미지, 기업신뢰이미지, 마케팅이미지) 형성을 통해 소비자의 소비행동에는 각각 유형별로 어떤 영향을 미치는지 알아보고자 한다.

연구에 앞서 변수에 대한 정의는 <표 3-1>과 같으며 연구 모형은 <그림 3-1>과 같다.

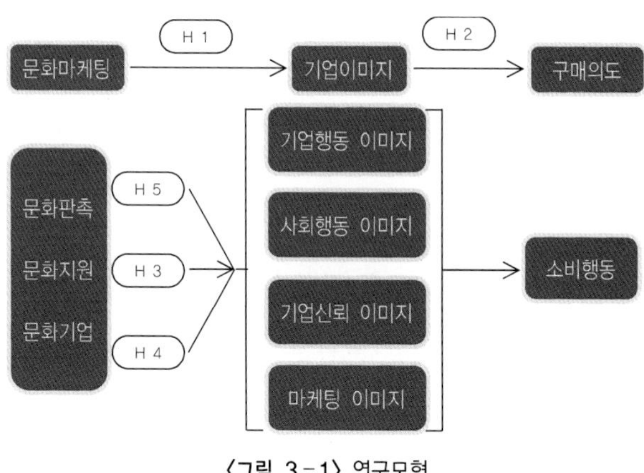

〈그림 3-1〉 연구모형

〈표 3-1〉 변수에 대한 정의

내생/외생 변수		변수설명
문화마케팅 (C-Marketing)	문화판촉	문화를 광고나 판촉 수단으로 활용하는 것을 말한다. 본 연구에서는 LG그룹의 TV광고에 문화적 요소를 사용한 사례로 실증연구를 하고자 한다.
	문화지원	자사를 홍보하거나 이미지를 개선하는 방법으로 문화 활동이나 단체를 지원하는 것을 말한다. 본 연구에서는 삼성전자가 러시아의 문화적 자존심인 볼쇼이 극장을 지원한 사례로 실증분석을 하고자 한다.
	문화기업	새롭고 독특한 문화를 상징하는 기업으로 포지셔닝하는 것을 말한다. 본 연구에서는 하나은행이 문화은행으로 거듭나려 하는 사례를 통하여 실증 연구하고자 한다.
기업이미지	기업 행동이미지	좋은 품질의 제품(서비스)과 적정가격의 제품 제공, 고품질의 제품 생산 등.
	사회행동 이미지	문화예술 분야의 공헌도, 소비자 문제에 대한 관심, 환경과 공공의 이익에 대한 관심, 공중에 대한 관심 등.
	기업신뢰 이미지	신뢰감과 친근감, 주식구매나 취업의도에 대한 긍정적 이미지, 정도경영, 노사관계에 대한 긍정적 이미지 등.
	마케팅 이미지	소비자와의 커뮤니케이션 능력과 마케팅 활동, 문화 분야를 활용한 마케팅활동 등.
소비행동	구매의도	소비자의 구매행동 전의 상태.

2. 연구가설

기업이미지는 소비자의 의식변화와 사회의 트렌드 변화의 영향으로 기업 발전과 기업의 마케팅에 큰 영향을 미치고 있다. 현대의 기업은 지속 가능한 경영을 위한 방법으로 소비자들이 자사의 이미지를 긍정적으로 인식하기 바라며, 홍보를 위해서도 치열한 경쟁 속에 직면해 있다. 또, 생존하기 위해 단지 제품의 품질만으로는 기업이 원하는 효과적인 마케팅 활동을 전개할 수 없을 뿐만 아니라 기업의 발전을 이루기도 어렵다. 즉 기업이 생산하는 제품의 기술 수준은 다른 기업과 거의 차별화하기 어려울 정도로 기술 수준이 비슷해졌으며 소비자의 제품 선택 기준도 가격과 기술에 의한 것보다는 감성과 이미지에 따라 제품을 선택하는 성향으로 바뀌고 있기 때문이다.

현대 기업들은 이윤 극대화라는 기업의 목적을 실현하기 어려우며 적극적으로 다른 경제 주체와 경제 활동을 함께 함과 동시에 사회의 공익, 일반 대중의 복지, 나아가 인류의 발전을 위해 다양한 제도적 장치들과 함께 노력하여 대중의 신뢰를 얻어야 하는 때가 되었다. 이러한 움직임이 기업의 사회적 책임(Corporate Social Responsibility)을 원하게 되었으며 이러한 환경은 기업으로 하여금 사회적 책임을 실현하도록 하고 있으며 긍정적인 기업이미지와 지속가능한 기업경영을 위해서도 기업의 필수조건이라고 할 것이다.

이와 같이 대중과의 원활한 커뮤니케이션, 사회 구성원으로서 긍정적 기업이미지를 형성하기 위해서 기업이 실시하는 마케팅 활동인 문화마케팅의 중요성은 날로 증대되고 있다.

본 연구는 전술한 지속 가능한 경영에 있어서 기업이미지의 중요성을 직시하고, 긍정적인 기업이미지 형성을 위해 문화마케팅이 기업이미지 형성에 미치는 구체적 영향과, 유형별 문화마케팅에 의해 생성된 기업이미지가 소비행동에 미치는 각각의 효과를 연구하고자 한다.

그러면 앞서 제시된 연구 문제에 따른 연구 가설들을 살펴보기로 하자.

가. 문화마케팅과 기업이미지에 대한 연구 가설

기업의 문화마케팅은 문화를 매개로 하여 기업의 가치를 높이는 마케팅활동이다. 따라서 문화마케팅 유형을 심상민(2002), 정석순(2003), 오세정과 김흥규(2006)가 분류한 기업 문화마케팅의 유형(문화판촉, 문화지원, 문화연출, 문화기업, 문화후광)에 따라 Winters(1986)와 Yamaki Tosio(1984)가 분류한 기업이미지 요인을 바탕으로 연구자가 설정한 네 가지

속성(기업행동이미지, 사회행동이미지, 기업신뢰이미지, 마케팅이미지)들에 각각 어떤 영향을 줄 것인지를 살펴보는 연구 가설의 설정이 가능해진다. 본 연구는 변수 간의 중복되는 것에 대한 방지와 기업의 문화마케팅 사례를 고려하여 문화마케팅 5가지 유형 중 '문화판촉', '문화지원', '문화기업' 등 3가지에 관해서 문화마케팅 유형을 연구하기로 한다.

가설 1: 기업문화마케팅 유형(문화판촉, 문화지원, 문화기업)에 따라 기업이미지(기업행동, 사회행동, 기업신뢰, 마케팅)는 유의미한 차이가 나타날 것이다.

H1 – 1 – 1: 기업문화마케팅(문화판촉) 유형에 따라 기업행동이미지는 유의미한 차이가 나타날 것이다.

H1 – 1 – 2: 기업문화마케팅(문화판촉) 유형에 따라 사회행동이미지는 유의미한 차이가 나타날 것이다.

H1 – 1 – 3: 기업문화마케팅(문화판촉) 유형에 따라 기업신뢰이미지는 유의미한 차이가 나타날 것이다.

H1 – 1 – 4: 기업문화마케팅(문화판촉) 유형에 따라 마케팅이미지는 유의미한 차이가 나타날 것이다.

H1 – 2 – 1: 기업문화마케팅(문화지원) 유형에 따라 기업행동이미지는 유의미한 차이가 나타날 것이다.

H1 – 2 – 2: 기업문화마케팅(문화지원) 유형에 따라 사회행동이미지는 유의미한 차이가 나타날 것이다.

H1 - 2 - 3: 기업문화마케팅(문화지원) 유형에 따라 기업
신뢰이미지는 유의미한 차이가 나타날 것이다.

H1 - 2 - 4: 기업문화마케팅(문화지원) 유형에 따라 마케
팅이미지는 유의미한 차이가 나타날 것이다.

H1 - 3 - 1: 기업문화마케팅(문화기업) 유형에 따라 기업
행동이미지는 유의미한 차이가 나타날 것이다.

H1 - 3 - 2: 기업문화마케팅(문화기업) 유형에 따라 사회
행동이미지는 유의미한 차이가 나타날 것이다.

H1 - 3 - 3: 기업문화마케팅(문화기업) 유형에 따라 기업
신뢰이미지는 유의미한 차이가 나타날 것이다.

H1 - 3 - 4: 기업문화마케팅(문화기업) 유형에 따라 마케
팅이미지는 유의미한 차이가 나타날 것이다.

나. 소비행동에 대한 연구 가설

소비행동에 대한 문항과 가설은 강신도(1998), 허광일
(1998), Brooks(1998), 김용만(1998)의 구매의도에 대한 선행
연구를 바탕으로 소비자의 소비행동에 적합하도록 4가지
문항으로 만들었으며[133] 아래와 같이 기업이미지 형성에 따
른 소비행동에 대한 가설을 설정하였다. 그리고 종합적으로

---

[133] 진종훈, 양해술, "기업의 문화마케팅이 기업이미지제고를 통해 구매의도에 미치
는 영향 — 서울, 충청 지역 대학생 중심으로 — ", 한국콘텐츠학회논문지, 제8
권, 제4호, 2008년 4월.

문화마케팅 유형별, 기업이미지, 소비행동에 대한 유의미성을 알아보기 위하여 가설 3, 가설 4, 가설 5를 아래와 같이 구성하였다.

가설 2: 기업이미지 요인은 소비행동에 정(+)의 영향을 줄 것이다.

H2 - 1: 기업행동이미지는 소비행동에 정(+)의 영향을 줄 것이다.

H2 - 2: 사회행동이미지는 소비행동에 정(+)의 영향을 줄 것이다.

H2 - 3: 기업신뢰이미지는 소비행동에 정(+)의 영향을 줄 것이다.

H2 - 4: 마케팅이미지는 소비행동에 정(+)의 영향을 줄 것이다.

가설 3: 문화지원 사례의 기업이미지 요인은 소비행동에 정(+)의 영향을 줄 것이다.

H3 - 1: 문화지원 사례의 기업행동이미지는 소비행동에 정(+)의 영향을 줄 것이다.

H3 - 2: 문화지원 사례의 사회행동이미지는 소비행동에 정(+)의 영향을 줄 것이다.

H3 - 3: 문화지원 사례의 기업신뢰이미지는 소비행동에

정(+)의 영향을 줄 것이다.

H3 – 4: 문화지원 사례의 마케팅이미지는 소비행동에 정
(+)의 영향을 줄 것이다.

가설 4: 문화기업 사례의 기업이미지 요인은 소비행동에
정(+)의 영향을 줄 것이다.

H4 – 1: 문화기업 사례의 기업행동이미지는 소비행동에
정(+)의 영향을 줄 것이다.

H4 – 2: 문화기업 사례의 사회행동이미지는 소비행동에
정(+)의 영향을 줄 것이다.

H4 – 3: 문화기업 사례의 기업신뢰이미지는 소비행동에
정(+)의 영향을 줄 것이다.

H4 – 4: 문화기업 사례의 마케팅이미지는 소비행동에 정
(+)의 영향을 줄 것이다.

가설 5: 문화판촉 사례의 기업이미지 요인은 소비행동에
정(+)의 영향을 줄 것이다.

H5 – 1: 문화판촉 사례의 기업행동이미지는 소비행동에
정(+)의 영향을 줄 것이다.

H5 – 2: 문화판촉 사례의 사회행동이미지는 소비행동에
정(+)의 영향을 줄 것이다.

H5 – 3: 문화판촉 사례의 기업신뢰이미지는 소비행동에

정(+)의 영향을 줄 것이다.

H5 – 4: 문화판촉 사례의 마케팅이미지는 소비행동에 정
(+)의 영향을 줄 것이다.

3. 표본 추출과 자료 수집

연구모형과 연구가설을 토대로 실증분석을 통해 필요한 결과를 얻기 위한 방법으로 설문조사 방식을 선택하였다.

관련 설문 구성은 문헌 연구를 통해 기존 연구에서 사용된 문화마케팅 유형 중 변수 간의 중복을 피하고 실증연구에 맞게 현재 기업에서 가장 활발히 진행 중인 문화마케팅 3가지 유형인 '문화판촉', '문화지원', '문화기업'의 변수를 도출했으며 본 연구 상황에 맞게 설문을 3개 기업의 사례로 구성하였다. 문화마케팅의 연구가 아직 초기 단계임을 감안한다면 본 연구의 설문 문항 개발은 의미 있다 하겠다. 그리고 실증 연구임을 감안해 3가지 기업의 사례를 들어 설문지를 구성하였는데 문화판촉은 광고와 홍보의 수단으로 문화를 활용한 LG그룹을, 문화지원의 사례기업은 러시아 볼쇼이극장을 지원하고 있는 삼성전자를, 문화기업으로는 문화은행의 이미지로 문화를 경영수단에 적극 활용하고 있는 하나은행을 선정하여 설문지를 구성하였으며 이러한 사례를 접

하지 못한 사람들이나 접했어도 문화마케팅에 대한 유형을 알기가 어렵다고 판단되어 기업별 사례를 설문지 앞부분에 그림과 내용을 비교적 상세히 설명하여 정확하게 설문에 답할 수 있도록 설문을 구성했다. 기업이미지는 Winters(1986)와 Yamaki Tosio(1984)가 분류한 기업이미지요인을 바탕으로 네 가지 속성(기업행동이미지, 사회행동이미지, 기업신뢰이미지, 마케팅이미지)으로 나누어 설문 항목을 각각 네 가지씩 선정하여 16개 문항으로 구성하였다. 소비행동에 대해 기존 연구 강신도(1998), 허광일(1998), Brooks(1998), 김용만(1998)의 선행 연구를 토대로 본 연구의 결과 도출에 부합하게 4문항으로 구성하였다. 도출한 설문의 전체 문항을 리커트 5점 척도로 응답하도록 구성하였다.

　본 연구의 목적을 달성하기 위해 실증조사를 실시하였으며, 조사 대상 및 표본설계는 <표 3-2>와 같다.

<표 3-2> 실증조사 설계

모집단	문화마케팅에 대한 관심이 있는 소비자
표본추출방법	확률표본추출방법 중 단순무작위추출법
표본의 크기	550명
유효 표본	522명(회수율: 94.9%)
조사 시기	2007년 10월 10일부터 31일까지
설문지 배포 및 회수	·면접원이 응답자에게 설문조사의 내용을 설명한 후 설문지를 배부하고 응답자가 직접 기입토록 함. ·설문지 회수 시 미비한 사항은 면접원이 응답자에게 재질문을 함으로써 내용을 보완토록 함.

4. 분석 방법

자료 분석방법으로 수집된 자료의 통계처리는 통계패키지 SPSS(Statistical Package for Social Science)/WIN 12.0을 활용하였으며 유의수준 0.01하에서 자료 분석을 실시하였다.

첫째, 조사 대상자의 인구통계학적 특성을 파악하기 위하여 빈도분석을 시행하였다.

둘째, 측정 도구의 타당성을 검증하기 위하여 요인 분석을 시행하였으며, 신뢰도 검증을 실시하였다.

셋째, 문화마케팅에 대한 인식 정도를 알아보기 위하여 빈도분석을 실시하였으며, 유형별 차이가 있는지를 알아보기 위하여 일원변량분석(One-Way ANOVA)을 실시하였다.

넷째, 문화마케팅 유형별 기업이미지에 차이가 있는지를 알아보기 위하여 일원변량분석(One-Way ANOVA)을 실시하였다.

다섯째, 기업이미지가 소비행동에 미치는 영향을 알아보기 위하여 상관분석 및 다중회귀분석을 실시하였다.

Ⅳ 자료 분석 결과

1. 조사대상자의 인구통계학적 특성

1) 조사대상자의 인구통계학적 특성

〈표 4-1〉 조사대상자의 인구통계학적 특성

인구 통계적 특성		n	%	인구 통계적 특성		n	%
성별	남자	237	45.4	전공	문화예술	276	52.9
	여자	285	54.6		기타	36	6.9
연령	29세 이하	477	91.4	거주지	서울/경기	297	56.9
	30세 이상	45	8.6		강원/충청	153	29.3
학력	전문대졸 이하	30	5.7		경상/전라	66	12.6
	대학교졸 이하	444	85.1		기타	6	1.1
	대학원재학 이상	45	8.6	매체 선호도	TV	285	54.6
	기타	3	0.6		라디오	15	2.9
월 소득	100만 원 미만	339	64.9		신문	42	8.0
	200만 원 미만	39	7.5		잡지	30	5.7
	300만 원 이상	27	5.2		기타	150	28.7

인구 통계적 특성		n	%	인구 통계적 특성		n	%
월 소득	기타	117	22.4	문화마케팅관심정도	전혀 관심 없다.	6	1.1
직업	학생	477	91.4		관심 없다.	24	4.6
	사무직	18	3.4		보통이다.	273	52.3
	전문직	12	2.3		관심 있다.	153	29.3
	기타	15	2.9		매우 관심 있다.	66	12.6
전공	인문과학	57	10.9	결혼 여부	미혼	495	94.8
	사회과학	153	29.3		기혼	27	5.2
				합계		522	100.0

<표 4-1>은 조사대상자의 인구통계학적 특성에 대해 알아보기 위하여 빈도분석을 실시한 결과이다. 분석결과 성별에 있어서는 남자 237명(45.4%), 여자 285명(54.6%)으로 나타났고, 연령은 29세 이하 477명(91.4%), 30세 이상 45명(8.6%)으로 나타났다. 결혼 여부는 미혼이 495명(94.8%), 기혼 27명(5.2%)으로 나타났고, 학력은 전문대(재)졸 이하 30명(5.7%), 대학교(재)졸 이하 444명(85.1%), 대학원 재학 이상 45명(8.6%)으로 나타났다.

월 소득은 100만 원 미만이 339명(64.9%), 100-200만 원 미만 39명(7.5%), 200만 원 이상 27명(5.2%) 순으로 나타났고, 직업은 학생 477명(91.4%), 사무직 18명(3.4%), 전문직 12명(2.3%)으로 나타났다.

전공은 문화예술이 276명(52.9%)으로 가장 높게 나타났고, 사회과학 153명(29.3%), 인문과학 57명(10.9%) 순으로 나타났으며, 거주지는 서울/경기 297명(56.9%), 강원/충청 153명(29.3%), 경상/전라 66명(12.6%) 순으로 나타났다.

매체 선호도는 TV가 285명(54.6%)으로 가장 높게 나타났고, 신문 42명(8.0%), 잡지 30명(5.7%), 라디오 15명(2.9%) 순으로 나타났다.

2) 문화마케팅 관심도

〈표 4-2〉 인구통계학적 특성에 따른 문화마케팅 관심도

구분		전혀 관심 없다.		관심 없다.		보통이다.		관심 있다.		매우 관심 있다.		χ^2 (p)
		N	%	N	%	N	%	N	%	N	%	
성별	남자	3	1.3	9	3.8	135	57.0	60	25.3	30	12.7	4.823 (.306)
	여자	3	1.1	15	5.3	138	48.4	93	32.6	36	12.6	
연령	29세 이하	6	1.3	24	5.0	249	52.2	141	29.6	57	11.9	5.065 (.281)
	30세 이상					24	53.3	12	26.7	9	20.0	
결혼 여부	미혼	6	1.2	24	4.8	258	52.1	144	29.1	63	12.7	1.904 (.753)
	기혼					15	55.6	9	33.3	3	11.1	
학력	전문대(재)졸 이하					12	40.0	12	40.0	6	20.0	13.692 (.321)
	대학교(재)졸 이하	6	1.4	24	5.4	234	52.7	129	29.1	51	11.5	
	대학원재학 이상					24	53.3	12	26.7	9	20.0	
	기타					3	100.0					
월소득	100만 원 미만	6	1.8	18	5.3	183	54.0	87	25.7	45	13.3	19.377 (.080)
	100 - 200만 원 미만					15	38.5	18	46.2	6	15.4	
	200만 원 이상					12	44.4	9	33.3	6	22.2	
	기타			6	5.1	63	53.8	39	33.3	9	7.7	

구분		문화마케팅 관심도										χ^2 (p)
		전혀 관심 없다.		관심 없다.		보통이다.		관심 있다.		매우 관심 있다.		
		N	%	N	%	N	%	N	%	N	%	
직업	학생	6	1.3	24	5.0	252	52.8	135	28.3	60	12.6	24.184* (.019)
	사무직					9	50.0	6	33.3	3	16.7	
	전문직							9	75.0	3	25.0	
	기타					12	80.0	3	20.0			
전공	인문과학	3	5.3	6	10.5	21	36.8	24	42.1	3	5.3	24.112* (020)
	사회과학			6	3.9	87	56.9	39	25.5	21	13.7	
	문화예술	3	1.1	9	3.3	147	53.3	75	27.2	42	15.2	
	기타			3	8.3	18	50.0	15	41.7			
매체 선호도	TV	6	2.1	9	3.2	150	52.6	84	29.5	36	12.6	41.251** (.001)
	라디오			3	20.0	6	40.0	3	20.0	3	20.0	
	신문			3	7.1	30	71.4	6	14.3	3	7.1	
	잡지					15	50.0	12	40.0	3	10.0	
	기타			9	6.0	72	48.0	48	32.0	21	14.0	
합계		6	1.1	24	4.6	273	52.3	153	29.3	66	12.6	

*p<.05, **p<.01

<표 4-2>는 문화마케팅 관심 정도에 대해 분석한 결과이다. 분석결과 전체적으로 볼 때 '전혀 관심 없다' 6명(1.1%), '관심 없다' 24명(4.6%), '보통이다' 273명(52.3%), '관심 있다' 153명(29.3%), '매우 관심 있다' 66명(12.6%)으로 나타나 전체 41.9%가 문화마케팅에 대해 관심을 가지고 있는 것으로 나타났다.

조사대상자의 인구통계학적 특성에 따라서는 직업, 전공, 매체 선호도에 따라 통계적으로 유의미한 차이가 나타났다 (p<.05). 먼저 직업에 따라서는 전문직의 경우 상대적으로

문화마케팅에 대한 관심이 가장 많은 것으로 나타났고, 전
공에 따라서는 문화예술이나 인문과학의 경우 상대적으로
관심이 많은 것으로 나타났다. 또한 매체 선호도에 따라서
는 잡지나 TV, 라디오를 선호하는 경우 신문을 선호하는
경우에 비해 문화마케팅에 대한 관심이 많은 것으로 나타
나 차이를 보였다.

2. 타당성 및 신뢰도 검증

본 연구에서 사용된 문항의 타당성을 검증하고, 공통요인
을 찾아내 변수로 활용하기 위해 요인분석을 실시하였다.
본 연구에서는 요인추출법으로 주성분분석법(Principle Compo-
nents)을 이용하였다. 요인회전과 관련하여 베리멕스(Varimax)
회전을 실시하였다. 각 변수의 요인 간의 상관관계의 정도
를 나타내는 요인적재량(Factor Loading)의 수용기준은 보통
±.30 이상이면 유의하다고 보지만 보다 엄격한 기준은
±.40 이상이다. 따라서 본 연구에서는 ±.40 이상을 기준으
로 선택하였다. 각 요인이 전체 분산에 대해 설명할 수 있
는 정도를 나타내 주는 고유치(Eigen Value)는 1 이상을 기
준으로 하였다. 곧 본 연구의 요인분석은 고유치 1 이상,
요인적재량 ±.40 이상을 기준으로 하여 요인을 분류하였으

며 명확한 요인추출을 위해서 베리멕스 회전을 시도하였다. 또한 문항의 내적 일치도를 확인하기 위하여 Cronbach's α 계수를 산출하였다.

가. 기업이미지에 대한 타당성 및 신뢰도 검증

다음 <표 4-4>는 기업이미지에 대한 16개의 문항에 대하여 요인분석을 실시한 결과이다. 그 결과 총 4개의 요인이 도출되었으며 각 요인을 구성하는 문항들의 중심개념을 바탕으로 요인명을 부여하였다. 이 4개의 요인 적재 값이 ±0.4 이상으로 나타나 기업이미지를 설명하는 요인으로 적합한 것으로 나타나 추출된 요인은 타당성이 확보된 것으로 분석되었으며 신뢰도 또한 모두 0.6 이상으로 나타나 신뢰할 수 있는 수준인 것으로 볼 수 있다.

나. 소비행동에 대한 타당성 및 신뢰도 검증

<표 4-3> 소비행동의 타당성 및 신뢰도 검증

		성분
		1
구매의도	3. 문화마케팅을 하고 있는 기업의 제품은 믿음직하므로 다른 제품에 비해 더 구매하고 싶다.	.854
	1. 문화마케팅을 한 기업의 제품을 구매하고 싶다	.836
	4. 문화마케팅을 한 기업 제품의 품질은 우수할 것이라고 생각하고 있다.	.835
	2. 비슷한 수준이라면 문화마케팅을 한 기업의 제품을 구매하고 싶다.	.789

	성분
	1
고윳값	2.748
분산%	68.707
누적 설명%	68.707
신뢰도	.845

<표 4-3>은 소비행동에 대한 4개의 문항에 대하여 요인분석을 실시한 결과이다. 그 결과 총 1개의 요인이 도출되었다. 이 1개의 요인 적재 값이 ±0.4 이상으로 나타나 소비행동을 설명하는 요인으로 적합한 것으로 나타나 추출된 요인은 타당성이 확보된 것으로 분석되었으며 신뢰도 또한 모두 0.6 이상으로 나타나 신뢰할 수 있는 수준인 것으로 볼 수 있다.

〈표 4-4〉 기업이미지의 타당성 및 신뢰도 검증

		성분			
		1	2	3	4
요인1 마케팅 이미지	4.2 광고홍보활동을 잘하는 기업이다.	.814	.241	.168	.066
	4.3 마케팅 능력이 뛰어난 기업이다.	.754	.412	.131	-.002
	4.1 마케팅에 문화적 요소를 적극적으로 활용하는 기업이다.	.749	-.027	.264	.242
	4.4 소비자와의 커뮤니케이션에 노력하는 기업이다.	.592	.328	.313	.157

		성분			
		1	2	3	4
요인2 기업행동 이미지	1.4 국제경쟁력을 갖춘 기업이다.	.352	.711	.235	.125
	1.3 소비자가 제품(서비스)에 대해 만족하는 기업이다.	.280	.706	.242	.142
	1.1 빠르게 성장하고, 장래성이 있는 기업이다	.219	.688	.231	.101
	1.2 연구개발(R&D)에 최선을 다하는 기업이다.	−.003	.662	.017	.162
요인3 사회행동 이미지	2.3 사회의 공익(사회복지, 교육, 환경 문제 해결)을 위해 노력하는 기업이다.	.196	.172	.756	.149
	2.4 인간존중의 기업정신을 갖고 있는 기업이다.	.122	.081	.714	.380
	2.2 소비자 문제(소비자 보호)에 관심을 기울이는 기업이다.	.137	.306	.712	.095
	2.1 문화예술 분야에 공헌도가 높은 기업이다.	.383	.070	.574	.161
요인4 기업신뢰 이미지	3.3 정도경영(사회와 약속이행, 성실한 세금납부 등)을 하고 있는 기업이다.	.039	.136	.222	.816
	3.4 노사관계에 힘쓰는 기업이다.	.110	.158	.214	.778
	3.1 신뢰감과 친근감이 드는 기업이다.	.379	.178	.321	.482
	3.2 주식구매나 취업의도가 있는 기업이다.	.414	.393	−.010	.469
고윳값		2.939	2.616	2.496	2.085
분산%		18.372	16.351	15.602	13.031
누적 설명%		18.372	34.723	50.325	63.356
신뢰도		.841	.713	.773	.732

3. 문화마케팅에 대한 인식

가. 문화마케팅에 대한 인식

〈표 4-5〉 문화마케팅에 대한 인식

		빈도	퍼센트
문화마케팅 개념에 인지도	많이 알고 있다.	60	11.5
	조금 알고 있다.	408	78.2
	전혀 모르고 있다.	54	10.3
문화마케팅 개념	문화예술단체에 재정적 지원을 하는 활동	54	10.3
	문화를 활용한 기업의 판매촉진 활동	291	55.7
	문화를 활용하여 독특한 기업문화를 만드는 활동	159	30.5
	기타	18	3.4
문화마케팅 실시 이유	문화마케팅을 통한 수익 증대	99	19.0
	문화마케팅을 통한 자사 상표 고지(알림)	132	25.3
	문화마케팅을 위한 기업이미지 전환	261	50.0
	재정적 후원을 통한 우수한 문화예술인재 발굴 및 육성	21	4.0
	기타	9	1.7
국내·외 문화마케팅을 실시하고 있는 기업 중 귀하가 높은 점수를 주고 싶은 기업명	금호	12	2.3
	마이크로소프트	9	1.7
	삼성	165	31.6
	스타벅스	6	1.1
	쌈지	15	2.9
	아시아나	9	1.7
	포스코	60	11.5
	한회	9	1.7
	현대	12	2.3
	KT	6	1.1
	KT&G	39	7.5
	KTF	9	1.7
	LG	63	12.1
	SK	18	3.4
	기타	90	17.2
합계		522	100.0

문화마케팅 인식에 대해 알아보고, 각 문화마케팅 사례에 대해 어떻게 인식하고 있는지를 알아보기 위하여 빈도분석 및 일원변량분석(One Way ANOVA)을 실시하였다.

<표 4-5>는 문화마케팅에 대한 인식 정도를 알아보기 위하여 빈도분석을 실시한 결과이다. 분석결과 먼저 문화마케팅 개념에 대한 인지도에 있어서는 많이 알고 있다가 60명(11.5%), 조금 알고 있다가 408명(78.2%), 전혀 모르고 있다가 54명(10.3%)으로 나타나 전체 89.7%가 문화마케팅 개념에 대해 알고 있는 것으로 나타났다.

문화마케팅의 개념에 대해서는 '문화를 활용한 기업의 판매촉진 활동'이 291명(55.7%)으로 가장 높게 나타났고, '문화를 활용하여 독특한 기업문화를 만드는 활동'이 159명(30.5%), '문화예술단체에 재정적 지원을 하는 활동'이 54명(10.3%)으로 나타나 대다수가 기업의 판매촉진 활동이라고 생각하는 것으로 볼 수 있다. 또한 문화마케팅을 실시하는 이유에 대해서는 '문화마케팅을 위한 기업이미지 전환'이 261명(50.0%)으로 가장 높게 나타났고, '문화마케팅을 통한 자사 상표 고지(알림)' 132명(25.3%), '문화마케팅을 통한 수익증대' 99명(19.0%), '재정적 후원을 통한 우수한 문화예술인재 발굴 및 육성' 21명(4.0%) 순으로 나타나 기업이미지의 전환이 문화마케팅을 실시하는 가장 큰 이유라고 생각하는 것으로 볼 수 있다. 국내·외 문화마케팅을 실

시하고 있는 기업 중 높은 점수를 주고 싶은 기업에 있어서
는 '삼성'이 165명(31.6%)으로 가장 높게 나타났고, 'LG'
63명(12.1%), '포스코' 60명(11.5%), 'KT&G' 39명(7.5%) 순
으로 나타났다.

나. 문화마케팅 유형에 따른 인식

<표 4-6> 문화마케팅 유형에 따른 인식 차이

| | 구분 | | | | | | F | p |
| | 문화지원 | | 문화기업 | | 문화판촉 | | | |
	평균	표준 편차	평균	표준 편차	평균	표준 편차		
문화판촉	3.68	.903	3.39	.718	3.83	.744	42.122**	.000
문화지원	3.69	.876	3.17	.804	3.56	.868	53.826**	.000
문화연출	3.37	.906	3.18	.870	3.80	.796	71.671**	.000
문화기업	3.80	.876	3.44	.894	3.95	.734	51.413**	.000

$**p<.01$

<표 4-6>은 문화마케팅 유형에 따라 인식 정도에 차
이가 있는지를 알아보기 위하여 유의수준 0.01하에서 일원
변량분석을 실시한 결과이다. 분석결과 평균(Mean: M)의 차
이를 중심으로 확인하여 보면 먼저 문화지원 사례를 통한
문화마케팅 이미지는 문화기업 이미지(M = 3.80)가 평균값
이 가장 높게 나타났고, '문화지원'(M = 3.69), '문화판촉'(M
= 3.68), '문화연출'(M = 3.37) 순으로 나타났으며, 문화기업

사례를 통한 문화마케팅 이미지도 문화기업 이미지에 대한 평균값이(M = 3.44) 가장 높게 나타났고, '문화판촉'(M = 3.39), '문화지원'(M = 3.18), '문화연출'(M = 3.17) 순으로 나타났다. 또한 문화판촉 사례를 통한 문화마케팅 이미지에 있어서는 문화기업 이미지(M = 3.95)가 가장 높게 나타났고, '문화판촉'(M = 3.83), '문화연출'(M = 3.80), '문화지원'(M = 3.56) 순으로 나타나 전반적으로 각 사례에 대해 문화기업 이미지가 가장 높은 것으로 볼 수 있다.

각 사례별 평균값에 대한 차이를 살펴보면, 문화판촉, 지원, 연출, 기업이미지에 대해 평균값에 통계적으로 유의미한 차이가 나타났으며(p<.01), 문화판촉이나 연출, 기업이미지는 문화판촉 사례에서 가장 많은 차이를 보이고 있으며 문화지원 이미지는 문화지원 사례에서 가장 많은 평균의 차이를 보이고 있음을 알 수 있다.

4. 가설의 검증

가. 가설 1의 검증

H1: 기업문화마케팅 유형(문화지원, 판촉, 기업)에 따라 기업이미지(기업행동, 사회행동, 기업신뢰, 마케팅이미지)는 유의미한 차이가 나타날 것이다.

〈표 4-7〉 문화마케팅 유형에 따른 기업 이미지 차이

	구분						F	p
	문화지원		문화기업		문화판촉			
	M	SD	M	SD	M	SD		
기업행동	4.09	.632	3.14	.818	3.82	.615	261.573**	.000
사회행동	3.48	.602	3.05	.608	3.46	.511	91.354**	.000
기업신뢰	3.36	.699	3.00	.628	3.48	.550	82.070**	.000
마케팅	3.88	.603	3.22	.668	3.86	.590	193.028**	.000
기업이미지	3.70	.477	3.10	.545	3.66	.436	244.671**	.000

**$p < .01$

<표 4-7>은 문화마케팅 유형에 따라 기업이미지에 차이가 있는지를 알아보기 위하여 일원변량분석을 실시한 결과이다. 먼저 각 문화마케팅 유형별 기업이미지를 살펴보면 문화지원 유형의 경우 기업행동이미지의 평균값(M = 4.09)이 가장 높은 것으로 나타났고, 마케팅이미지(M = 3.88), 사회행동이미지(M = 3.48), 기업신뢰이미지(M = 3.36) 순으로 평균값이 나타났다. 또한 문화기업 유형의 경우 마케팅이미지의 평균값이(M = 3.22) 가장 높은 것으로 나타났고, 기업행동이미지(M = 3.14), 사회행동(M = 3.05), 기업신뢰(M = 3.00) 순으로 나타났으며, 문화판촉 유형의 경우 마케팅이미지의 평균값(M = 3.86)이 가장 높은 것으로 나타났고, 기업행동이미지(M = 3.82), 기업신뢰이미지(M = 3.48), 사회행동이미지(M = 3.46) 순으로 나타났다.

문화마케팅 유형별 기업이미지에 차이가 있는지를 분석

한 결과 기업행동, 사회행동, 기업신뢰, 마케팅이미지에 대해 통계적으로 유의미한 차이가 나타났다(p<.01). 먼저 기업행동이미지에 있어서는 문화지원의 평균값(M=4.09)이 가장 높게 나타났고, 문화판촉(M=3.82), 문화기업(M=3.14) 순으로 나타났으며, 사회행동이미지에 있어서도 문화지원의 평균값(M=3.48)이 가장 높게 나타났고, 문화판촉(M=3.46), 문화기업(M=3.05) 순으로 나타났다. 또한 기업신뢰이미지에 있어서는 문화판촉의 평균값(M=3.48)이 가장 높게 나타났고, 문화지원(M=3.36), 문화기업(M=3.00) 순으로 나타났으며, 마케팅이미지에 있어서도 문화지원(M=3.88)에서 가장 높게 나타났고, 문화판촉(M=3.86), 문화기업(M=3.22) 순으로 나타났다. 따라서 "문화마케팅(문화지원, 판촉, 기업) 유형에 따라 기업이미지는 유의미한 차이가 나타날 것이다." 라는 가설 1과 각 기업이미지에 대한 하위가설이 채택되었다.

나. 가설 2의 검증

H2: 기업이미지 요인은 소비행동에 정(+)의 영향을 줄 것이다.

<표 4-8>은 가설검증에 앞서서 이 연구에서 사용되는 변수들 간의 전반적인 관계성을 파악하기 위하여 상관관계

분석(Correlation)을 실시한 결과이다. 상관관계 분석은 탐색적 연구에서 가설 검증에 이용될 수 있을 뿐만 아니라 가설 검증을 실시하기 전에 모든 연구가설에 사용되는 중요 변수들 간의 관계의 강도를 제시함으로써 변수들 간의 대체적 윤곽을 제시해 준다.

<표 4-8> 요인 간 상관관계분석

		이미지				소비행동
		기업행동	사회행동	기업신뢰	마케팅	
이미지	기업행동	1				
	사회행동	.481**	1			
	기업신뢰	.520**	.582**	1		
	마케팅	.560**	.562**	.530**	1	
소비행동		.291**	.403**	.395**	.458**	1

**p<.01

분석결과 독립변수로 사용되는 기업이미지의 기업행동, 사회행동, 기업신뢰, 마케팅 요인 간에는 유의수준 0.01하에서 통계적으로 유의미한 정(+)의 상관관계가 있는 것으로 나타났디. 이러한 상관관계를 고려하여 회귀분석을 하기 위해서 다중공선성 검증을 실시하였다. 다중공선성 검증 결과 공차한계(Tolerance)가 .10보다 크게 나타났으며, VIF(Variance Inflation Factor)도 10보다 훨씬 작게 나타나 다중공선성이 존재할 가능성이 낮은 것으로 나타났다.

〈표 4-9〉 독립변수들 간의 다중공선성 검증

		공선성 통계량	
		공차한계	VIF
기업이미지	기업행동	.606	1.649
	사회행동	.562	1.779
	기업신뢰	.564	1.772
	마케팅	553	1.807

다음 <표 4-10>은 기업이미지 요인이 소비행동에 미치는 영향을 검증하기 위해 다중 회귀분석을 실시한 결과이다. 회귀식의 분산분석 결과 F=117.047, P<0.01로 회귀식이 통계적으로 유의한 것으로 나타났다. 독립변수별로 보면, 사회행동이미지, 기업신뢰이미지, 마케팅이미지가 소비행동에 통계적으로 유의한 정(+)의 영향을 미치는 것으로 나타났다. 즉 마케팅이미지는 소비행동을 .223 상승시키는 것으로 나타났으며, 사회행동이미지는 소비행동을 .179, 기업신뢰이미지는 소비행동을 .179 향상시키는 것으로 볼 수 있다. 따라서 광고홍보활동이나 소비자와의 커뮤니케이션 등을 통한 마케팅이미지와 사회행동이미지, 기업에 대한 신뢰는 고객의 소비행동을 높이는 중요한 요인임을 알 수 있다.

즉 기업행동 이미지가 영향을 줄 것이라는 가설 2-1은 기각되었으며, 사회행동이미지, 기업신뢰이미지, 마케팅이미지에 대한 가설 2-2, 2-3, 2-4는 채택되었다.

〈표 4-10〉 기업이미지 요인이 소비행동에 미치는 영향

	비표준화 계수		표준화 계수	t	유의확률	F	P-Value
	B	표준오차	베타				
(상수)	1.211	.105		11.558	.000		
기업행동	-.012	.026	-.013	-.451	.652		
사회행동	.218	.036	.179	6.062**	.000	117.047**	.000
기업신뢰	.200	.033	.179	6.057**	.000		
마케팅	.237	.032	.223	7.463**	.000		
a 종속변수: 소비행동							

** p<.01

다. 가설 3의 검증

H3: 문화지원 사례의 기업이미지 요인은 소비행동에 정(+)의 영향을 줄 것이다.

〈표 4-11〉 기업이미지 요인이 소비행동에 미치는 영향(문화지원 사례)

	비표준화 계수		표준화 계수	t	유의확률	F	P-Value
	B	표준오차	베타				
(상수)	1.041	.238		4.382	.000		
기업행동	.045	.056	.038	.813	.416		
사회행동	.329	.060	.266	5.482**	.000	33.923**	.000
기업신뢰	.166	.053	.156	3.117**	.002		
마케팅	.142	.057	.115	2.487*	.013		
a 종속변수: 소비행동							

** p<.01, * p<.05

<표 4-11>은 문화지원 사례의 경우 기업이미지 요인이 소비행동에 미치는 영향을 검증하기 위해 다중 회귀분석을 실시하였다. 분석결과 회귀 식은 통계적으로 유의한 것으로 분석되었다(F=33.923, p<.01). 독립변수별로 보면, 사회행동이미지, 기업신뢰이미지, 마케팅이미지가 소비행동에 통계적으로 유의한 정(+)의 영향을 미치는 것으로 나타났다. 즉 사회행동이미지는 소비행동을 .266 상승시키는 것으로 나타났으며, 기업신뢰이미지는 소비행동을 .156, 마케팅이미지는 소비행동을 .115 향상시키는 것으로 볼 수 있다. 따라서 문화지원 사례에서의 소비행동에 가장 많은 영향을 미치는 기업이미지는 사회행동 이미지임을 알 수 있다.

라. 가설 4의 검증

a. 문화기업 사례

H4: 문화기업 사례의 기업이미지 요인은 소비행동에 정(+)의 영향을 줄 것이다.

〈표 4-12〉 기업이미지 요인이 소비행동에 미치는 영향

(문화기업 사례)

	비표준화 계수		표준화 계수	t	유의확률	F	P-Value
	B	표준오차	베타				
(상수)	1.162	.165		7.060	.000		
기업행동	.006	.041	.007	.150	.881		
사회행동	.156	.065	.127	2.402*	.017	46.871**	.000
기업신뢰	.140	.064	.117	2.183*	.029		
마케팅	.374	.061	.334	6.157**	.000		
a 종속변수: 소비행동							

** $p<.01$, * $p<.05$

<표 4-12>은 문화기업 사례의 경우 기업이미지 요인이 소비행동에 미치는 영향을 검증하기 위해 다중 회귀분석을 실시하였다. 분석결과 회귀 식은 통계적으로 유의한 것으로 분석되었다($F=46.871$, $p<.01$). 독립변수별로 보면, 사회행동이미지, 기업신뢰이미지, 마케팅이미지가 소비행동에 통계적으로 유의한 정(+)의 영향을 미치는 것으로 나타났다. 즉 마케팅이미지는 소비행동을 .334 상승시키는 것으로 나타났으며, 사회행동이미지는 소비행동을 .127, 기업신뢰이미지는 소비행동을 .117 향상시키는 것으로 볼 수 있다. 따라서 문화기업 사례에서의 소비행동에 가장 많은 영향을 미치는 기업이미지는 마케팅이미지임을 알 수 있다.

마. 가설 5의 검증

H5: 문화판촉 사례의 기업이미지 요인은 소비행동에 정(+)의 영향을 줄 것이다.

〈표 4-13〉 기업이미지 요인이 소비행동에 미치는 영향

(문화판촉 사례)

	비표준화 계수		표준화 계수	t	유의확률	F	P-Value
	B	표준오차	베타				
(상수)	.711	.230		3.088	.002		
기업행동	.073	.055	.064	1.325	.186		
사회행동	.132	.063	.096	2.081*	.038	38.351**	.000
기업신뢰	.247	.059	.194	4.157**	.000		
마케팅	.302	.056	.254	5.368**	.000		

a 종속변수: 소비행동

** p<.01, * p<.05

<표 4-13>은 문화판촉 사례의 경우 기업이미지 요인이 소비행동에 미치는 영향을 검증하기 위해 다중 회귀분석을 실시하였다. 분석결과 회귀 식은 통계적으로 유의한 것으로 분석되었다(F=38.351, p<.01). 독립변수별로 보면, 사회행동이미지, 기업신뢰이미지, 마케팅이미지가 소비행동에 통계적으로 유의한 정(+)의 영향을 미치는 것으로 나타났다. 즉 마케팅이미지는 소비행동을 .254 상승시키는 것으로 나타났으며, 기업신뢰이미지는 소비행동을 .194, 사회행

동이미지는 소비행동을 .096 향상시키는 것으로 볼 수 있다. 따라서 문화판촉 사례에서의 소비행동에 가장 많은 영향을 미치는 기업이미지는 마케팅이미지임을 알 수 있다.

바. 가설검증 결과요약

이상의 결과를 요약하면 다음 <표 4-14>와 같다.

<표 4-14> 가설검증 결과요약

		가설	채택여부
H1	1-1	문화마케팅(문화지원, 판촉, 기업) 유형에 따라 기업행동이미지는 유의미한 차이가 나타날 것이다.	채택
	1-2	문화마케팅(문화지원, 판촉, 기업) 유형에 따라 사회행동이미지는 유의미한 차이가 나타날 것이다.	채택
	1-3	문화마케팅(문화지원, 판촉, 기업) 유형에 따라 기업신뢰이미지는 유의미한 차이가 나타날 것이다.	채택
	1-4	문화마케팅(문화지원, 판촉, 기업) 유형에 따라 마케팅이미지는 유의미한 차이가 나타날 것이다.	채택
H2	2-1	기업행동이미지는 소비행동에 정(+)의 영향을 줄 것이다.	기각
	2-2	사회행동이미지는 소비행동에 정(+)의 영향을 줄 것이다.	채택
	2-3	기업신뢰이미지는 소비행동에 정(+)의 영향을 줄 것이다.	채택
	2-4	마케팅이미지는 소비행동에 정(+)의 영향을 줄 것이다.	채택
H3	3-1	문화지원 사례의 기업행동이미지는 소비행동에 정(+)의 영향을 줄 것이디.	기각
	3-2	문화지원 사례의 사회행동이미지는 소비행동에 정(+)의 영향을 줄 것이다.	채택
	3-3	문화지원 사례의 기업신뢰이미지는 소비행동에 정(+)의 영향을 줄 것이다.	채택
	3-4	문화지원 사례의 마케팅이미지는 소비행동에 정(+)의 영향을 줄 것이다.	채택

		가설	채택여부
H4	4 - 1	문화기업 사례의 기업행동이미지는 소비행동에 정(+)의 영향을 줄 것이다.	기각
	4 - 2	문화기업 사례의 사회행동이미지는 소비행동에 정(+)의 영향을 줄 것이다.	채택
	4 - 3	문화기업 사례의 기업신뢰이미지는 소비행동에 정(+)의 영향을 줄 것이다.	채택
	4 - 4	문화기업 사례의 마케팅이미지는 소비행동에 정(+)의 영향을 줄 것이다.	채택
H5	5 - 1	문화판촉 사례의 기업행동이미지는 소비행동에 정(+)의 영향을 줄 것이다.	기각
	5 - 2	문화판촉 사례의 사회행동이미지는 소비행동에 정(+)의 영향을 줄 것이다.	채택
	5 - 3	문화판촉 사례의 기업신뢰이미지는 소비행동에 정(+)의 영향을 줄 것이다.	채택
	5 - 4	문화판촉 사례의 마케팅이미지는 소비행동에 정(+)의 영향을 줄 것이다.	채택

V 결론

1. 요약 및 결론

　현대사회는 무한 경쟁 속에 기업 간의 경쟁이 치열해지고 있다. 이러한 경쟁 상황에서 가장 일반화된 것이 제품의 품질과 기술 수준인데 이런 요소로는 차별화 요인으로 부각시키기에 어려운 상황이다. 그리하여 기업의 차별화된 기업이미지가 소비자에게 제품선택의 중요한 요인이 되었다. 즉 소비자들의 생활수준 향상으로 기업이미지가 좋은 기업의 제품들을 선호하고 있기 때문이다. 기업의 제품이나 서비스 선택요인이 치별화된 기업이미지로 변화하면서 소비자와 기업의 긍정적 커뮤니케이션을 위해 차별화된 기업이미지 전략이 필요하게 된 것이다.

　이러한 기업들은 차별화된 기업 이미지를 소비자들에게 형성시키기 위해 다양한 마케팅 전략을 세우고 있는데, 그

중에서 기업들은 문화를 활용한 문화마케팅 방법을 활용하고 있다. 기존에 가지고 있던 자사의 기업이미지를 제고하고 더 나아가 기업의 목적인 이윤을 극대화하는 것을 목표로 하고 있다. 기존의 광고, PR에 식상해진 소비자들에게 새로운 마케팅 커뮤니케이션 방법으로서 문화를 활용하는 것이다.

기업의 문화마케팅은 문화와 체험이 결합한 특성을 기업경영에 활용하는 것으로써 문화를 기업의 커뮤니케이션 방법으로 활용함으로써 기업이미지를 제고하는 것이다.

본 연구는 문화의 시대라고 일컫는 이때, 기업과 고객의 효율적인 커뮤니케이션을 위해 기업의 문화마케팅 실행유형을 각각 3가지로 나누고 고객이 문화마케팅을 통해 형성하는 기업이미지를 구체적으로 밝혀내어 각 기업에서 추구하고자 하는 효율적 기업이미지 달성을 위해 어떠한 문화마케팅 유형이 효율적인지를 밝혀내는 것이며, 이러한 문화마케팅이 소비자의 소비행동에는 어떠한 영향을 끼치는지에 관해 연구하는 것이 목적이다. 즉 기업 입장에서 기업이 원하는 것을 얻으려 실행하는 문화마케팅 유형을 소비자들 입장에서는 어떠한 유형으로 인지되며, 실행요인에 따라 변화하는 소비자의 인식을 조사하고 각각 실행한 문화마케팅 유형을 통해 소비자는 구체적으로 어떠한 기업이미지를 형성하는지에 대한 연구를 통해, 기업입장에서 자사가 원하는 기업이미지를 획득하기 위해서는 본 연구에서 제시한 문화마케팅 유형을 선택하여 실행하여야만 더욱 효율적인 기업이미지 형성에 도움이 될 것이라고 판단된다. 본 연구의 결과를 얻기 이전에 소비자들의 문화마케팅에 대한 인식에 대한 연구 결과는 다음과 같이 요약할 수 있다.

첫째, 본 연구의 표본대상자들의 문화마케팅에 대한 인식 정도가 어떠한지를 알아보았는데, 응답자의 89.7%가 문화마케팅에 대해 알고 있었으며 문화마케팅 개념에 대해서는 '문화를 활용한 기업의 판매촉진 활동'으로 인식을 가장 많이 하고 '문화를 활용한 독특한 기업문화를 만드는 활동', '문화예술단체에 재정적 지원을 하는 활동' 등으로 인식하고 있었다. 생각보다 기업의 문화마케팅 활동에 대해 많은 소비자들이 인식하고 있었으며, 기업의 문화마케팅활동을 관심 있게 지켜보는 것으로 파악된다. 그리고 문화마케팅의 개념을 판매촉진과 기업의 문화를 만드는 활동으로 대부분 인식하고 있어 기업과 고객의 새로운 커뮤니케이션 방법으로 가능하리라 생각된다.

둘째, 기업에서 문화마케팅을 실시하는 이유에 대해 소비자들의 인식은 '기업이미지 전환', '자사 상표 공지', '수익 증대'라고 대답하여 순수한 목적을 띤 활동이라고 인식하지 않는 것으로 나타났으며, 기업의 사회적 책임 일환으로 고객과 커뮤니케이션하는 방법이라는 인식을 심어 줄 수 있는 방법도 강구되어 사회적, 기업신뢰 측면의 인식을 줄 수 있는 문화마케팅 방법의 개발도 필요하다고 판단된다.

셋째, 본 연구의 3가지 사례(문화판촉, 문화지원, 문화기업)를 통한 문화마케팅 유형에 따른 인식은 <표 5-1>과 같이 공히 문화기업이라는 인식이 가장 많은 것으로 나타나 문화마케팅을 통해 타사와의 차별적 이미지를 나타낼 수 있을 것이라 생각되며, 문화마케팅을 통해 문화기업이라는 독특한 기업이미지 창출이 가능한 것이다. 이러한 상황을 볼 때 타사와의 차별적 이미지를 위해 기업의 사명에 맞는 문화마케팅의 개발과 장기적 안목에서의 문화마케팅 접근이 필요하겠다. 이러한 결과를 통해 소비자들은 기업의 문화마케팅에 대한 관심이 많은 걸 알 수 있었으며, 기업의 사명에 맞는 전략적인 문화마케팅 개발이 필요한데 문화마케팅의 개발은 전사적인 의견 수렴을 통해 이루어져야 한다. 특히 최고경영자의 독단적인 추진과 실행보다는 기업의 사명과 지속 가능한 경영이라는 목표하에 문화마케팅 개발과 실행이 필요하며 장기적인 안목을 통해 문화마케팅이 이루어져야 하겠다.

〈표 5-1〉 문화마케팅 유형에 따른 인식 차이

문화판촉	평균	문화지원	평균	문화기업	평균
문화기업	3.95	문화기업	3.80	문화기업	3.44
문화판촉	3.83	문화지원	3.69	문화판촉	3.39
문화연출	3.80	문화판촉	3.68	문화지원	3.18
문화지원	3.56	문화연출	3.37	문화연출	3.17

이러한 상황에서 본 연구의 결과는 다음과 같다. 가설 H1. 문화마케팅 유형에 따라 기업이미지에 유의미한 차이가 있는지에 대한 검증에서 문화마케팅 유형별로 <표 5-2>와 같이 기업행동이미지와 마케팅이미지로 나누어 나타난 결과를 볼 수 있다.

〈표 5-2〉 문화마케팅 유형에 따른 기업이미지 차이<가설 1>

문화판촉	평균	문화지원	평균	문화기업	평균
마케팅	3.86	기업행동	4.09	마케팅	3.22
기업행동	3.82	마케팅	3.88	기업행동	3.14
기업신뢰	3.48	사회행동	3.48	사회행동	3.05
사회행동	3.46	기업신뢰	3.36	기업신뢰	3.00

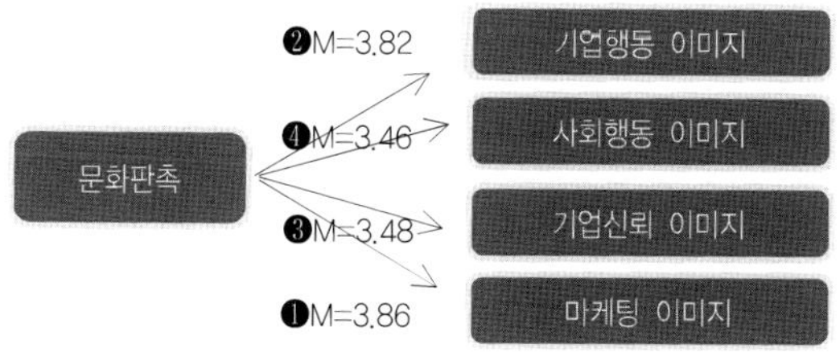

〈그림 5-1〉 문화마케팅의 기업이미지 영향 <문화판촉사례-가설 1>

첫째, 문화마케팅의 문화판촉 활동 사례로서 본 연구는 LG그룹의 TV광고에 문화적 요소를 사용한 사례로 실증 연구를 실시한바, LG그룹이 실시한 문화마케팅을 통해 얻은 기업이미지는 <그림 5-1>과 같이 마케팅 이미지와 기업행동이미지로 가장 많이 형성되고 있음을 알 수 있었다. 이 결과는 소비자와 커뮤니케이션하기 위한 방법으로 문화를 활용한 것이라고 인식됨을 알 수 있으며, 또한 좋은 품질의 제품과 서비스를 적정가격으로 성실하게 제공한다는 인식으로 문화마케팅 활동의 결과가 나왔다고 할 수 있을 것이다. 그러므로 문화마케팅의 문화판촉유형에 대한 소비자의 기업이미지 형성은 마케팅이미지(소비자와의 긍정적 커뮤니케이션을 위한 노력)와 기업행동이미지(좋은 품질과 적정가격을 통한 제품 공급)에 유의미한 영향을 미친다고 할 수 있다. 기업에서는 문화마케팅으로 마케팅이미지와 기업행동이미지 제고를 위해서 문화마케팅 유형 중 문화판촉 활동에 더욱 치중해야 할 것으로 판단된다.

둘째, 문화마케팅의 문화지원 활동 사례로서 본 연구는 삼성의 러시아 볼쇼이 극장 지원 사례로 실증 연구를 실시한바, 삼성이 실시한 문화마케팅을 통해 얻은 기업이미지는 <그림 5-2>와 같이 기업행동이미지로 가장 많이 소비자들에게 인식되고 있음을 알 수 있었다.

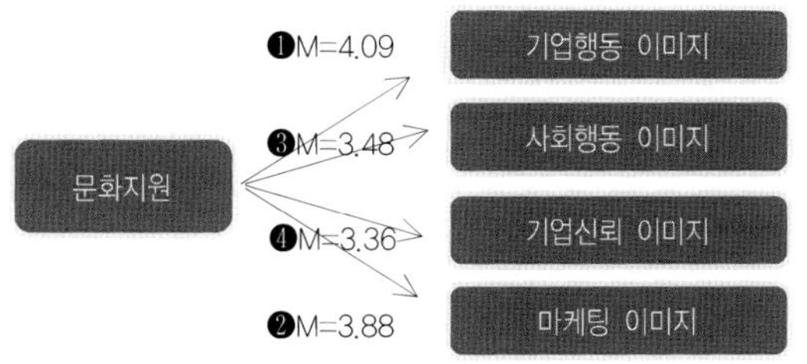

〈그림 5-2〉 문화마케팅의 기업이미지 영향 〈문화지원 사례-가설1〉

이 결과는 기업의 본연적인 일인 좋은 품질의 제품과 서비스를 적정가격으로 성실하게 제공한다는 의미로 해석할 수 있으며, 문화마케팅의 문화지원유형에서 소비자의 기업이미지 형성은 기업행동이미지에 유의미한 영향을 미친다고 할 수 있다. 기업의 본연적 일인 제품과 서비스의 제공 시 소비자의 불평과 비난에 직면한 기업들에게 필요한 문화마케팅 사례라고 할 수 있다. 공급 제품의 소홀로 인하여 많은 비판을 받는 기업들이 드물지 않은 시대에 기업의 본연적인 이미지 향상을 꾀하는 기업들에게는 유용한 문화마케팅 활동일 것이다.

셋째, 문화마케팅의 문화기업 활동 사례로서 본 연구는 하나은행의 문화마케팅 사례로 실증 연구를 실시한바, 하나은행이 실시한 문화마케팅을 통해 얻은 기업이미지는 〈그림 5-3〉과 같이 마케팅이미지, 기업행동이미지, 사회행동이미지, 기업신뢰이미지 순으로 골고루 인식됨을 알 수 있었다.

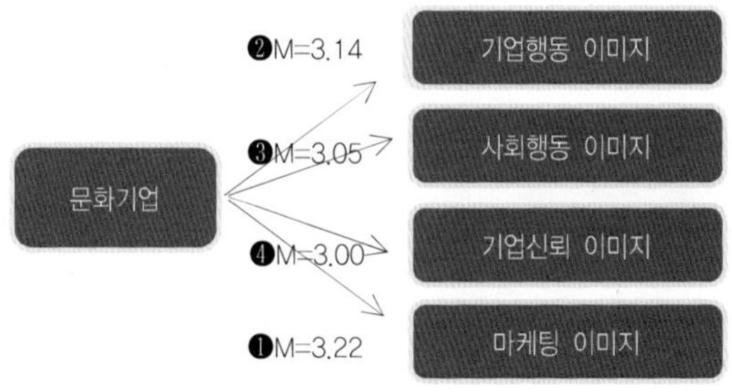

〈그림 5-3〉 문화마케팅의 기업이미지 영향 〈문화기업 사례 -가설1〉

　이러한 결과를 비추어 볼 때 문화기업 유형의 문화마케팅이 필요한 기업은 문화마케팅을 시작하는 단계에 있는 기업에게 필요하다고 생각된다. 문화마케팅의 실행은 장기적이며 체계적인 계획을 통해 이루어져야 하는데 효율적인 실시를 위해 고객과 임직원, 이해관계자들에게 고루 인식될 수 있도록 시기와 의견을 서로 나눌 수 있는 기간도 필요하다고 생각되기 때문이다. 이러한 이유로 문화기업 유형의 문화마케팅은 문화마케팅 입문 시 꼭 거쳐야 하는 관문으로 인식하면 기업의 문화마케팅 실행의 시행착오를 줄일 수 있으며, 차별화된 기업이미지 구축에도 도움이 되리라 사료된다. 이러한 결과를 통해 앞으로 기업들은 문화마케팅을 접근하는 데 용이하고 문화마케팅 실행의 성과가 좋아져 장기적으로 문화마케팅을 실행하는 기업들이 많아질 수 있을 것이다. 또한 이 연구결과는 문화마케팅의 기획과 실행에 내부적인 이해와 협조가 필요하며 내부적인 협조를 통해 전사적으로 이루어져야 한다는 것을 간접적으로 말해주고 있다. 광고와 홍보의 수동적이며 소비적인 커뮤니케이션 방법보다는 적극적이고 고객지향적인 방법인 문화마케팅을 이 시대의 소비자들은 원하는 것이다. 이를 뒷받침하는 이유로 광고와 홍보는 소비자가 마케팅을 접하는 단계와 제품을 만나는 단계의 비효율화를 만든다. 광고비용과 홍보비용은 직접적으로 소비자에게 이익을 주지 못하며 철저히 기업입장에서의 비용이기 때문이다. 그렇기 때문에 소비자들은 광고를 회피하고 자신이 원하지 않는 광고는 보기도 싫어하며 그 광고로 인해 그 기업의 이미지까지 나쁘게 인식할 수 있다. 그러나 문화마케팅은 마케팅 단계에서 고객 감성충족이 이루어지면 제품사용단계에서도 광고와 홍보 단계보다는 더욱 고객을 만족시킬 수 있는 장점이 있다. 다시 말해 문화마케팅은 일방적으로 기업입장에서 이루어질 수 있는 광고나 홍보와는 근본적으로 다르기 때문이다. 철저히 고객입장에서 이루어져야 하며 고객이 원하는 문화마케팅 방법을 찾아 고객이 체험할 수 있도록 구성되어야 하기 때문이다. 문화마케팅시대에는 본원적 광고와 홍보의 영역에서의 역할에 최선을 다할 수 있는 광고나 홍보 방법이 강구되어야 하며 문화마케팅과의 시너지효과가 기대되는 방법 또한 절실하다.

넷째, 가설 H2. '기업이미지요인은 소비행동에 정(+)의 영향을 줄 것이다.'라는 가설의 결과는 <그림 5-4>와 같이 마케팅이미지가 소비행동을 가장 많이 상승시키는 것으로 나타났으며 그 다음으로 사회행동이미지, 기업신뢰이미지 순으로 나타났으며, 기업행동이미지는 소비행동에 영향을 미치지 않는 것으로 나타났다.

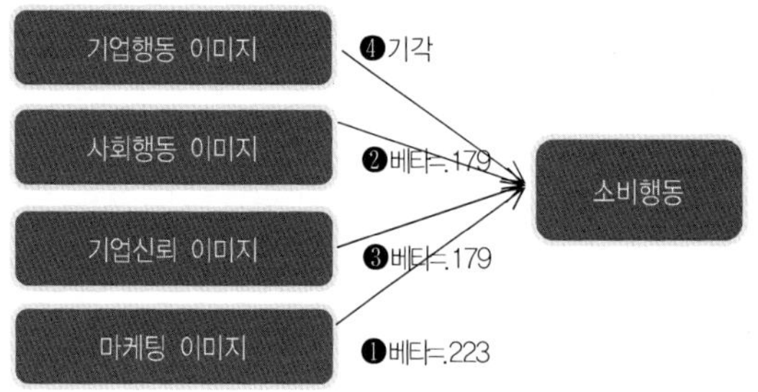

〈그림 5-4〉 기업이미지 요인이 소비행동에 미치는 영향 〈가설 2〉

다섯째, <가설 3, 4, 5> 문화지원 사례에서 기업이미지 요인이 소비행동에 가장 많이 미치는 영향은 <표 5-3>과 같이 사회행동이미지 요인이며, 문화기업 사례에서는 마케팅 이미지가 문화판촉 사례에서도 마케팅이미지가 소비행동에 가장 많이 영향을 미치는 것으로 나타났다. 문화마케팅 3가지 유형 중 기업행동이미지는 공히 소비행동에 유의미한 영향을 미치지 않는 것을 알 수 있다.

이와 같은 결론을 종합해 보면 문화마케팅은 기업이미지 요인 중 기업 행동이미지와 마케팅 이미지로 가장 많이 인식되는 것이다. 이 결과는

<표 5-3> 문화마케팅 유형별 기업이미지 요인이 소비행동에 미치는 영향<가설3, 4, 5>

문화판촉	베타 값	문화지원	베타 값	문화기업	베타 값
마케팅	.254	사회행동	.266	마케팅	.334
기업신뢰	.194	기업신뢰	.156	사회행동	.127
사회행동	.096	마케팅	.115	기업신뢰	.117

<표 5-3>과 같이 마케팅이미지를 소비자에게 얻고자 한다면 문화판촉과 문화기업 유형의 문화마케팅 실행이 효율적이라는 것을 말해 주며 기업행동이미지는 문화지원 유형에 효과가 있을 것이다. 또한 기업행동이미지는 소비행동에 유의미한 영향이 없었으며, 마케팅이미지는 소비자들에게 소비행동을 가장 많이 증가시키는 것으로 나온 결과도 주목할 만한 결과이다. 기업이미지 요인이 문화마케팅의 3가지 유형별 소비행동에 미치는 영향 또한 <표 5-3>, <그림 5-5>와 같이 마케팅이미지가 소비행동에 가장 많은 영향을 미치는 것으로 나타났으며 문화지원 유형에서는 사회행동이미지가 가장 많이 소비행동에 영향을 미치는 것으로 나타났다.

〈그림 5-5〉 문화마케팅 유형별 기업이미지 요인이 소비행동에 미치는 영향 〈가설 3, 4, 5〉

2. 연구의 시사점

본 연구의 의의는 첫째, 문화마케팅을 통해 기업과 소비자의 효율적인 커뮤니케이션이 가능하다는 것을 말해 주고 있다. 그동안 문화마케팅은 단순히 기업이미지 제고 효과가 있다는 것으로 알고 있었으나 본 연구를 통해 구체적으로 소비자 입장에서 형성할 수 있는 기업이미지 요인을 찾아낸 것이 성과이며, 구체적 기업이미지 요인이 소비행동에 어떠한 영향을 미치는지에 대한 연구였다는 점에서 의의가 있다고 하겠다.

둘째, 문화마케팅을 통한 구체적 기업이미지 형성과 소비행동에 대한 연구모델을 처음으로 제시한 연구였다는 것이다. 기존 매체에 대한 기업이미지 연구를 문화마케팅에 적극적으로 대입시켜 연구하여 소정의 연구결과를 제시하였다는 데에서 연구의 의의를 찾을 수 있다. 이 연구를 통하여 더욱 문화마케팅과 관련한 기업이미지요인에 대한 연구가 활발히 될 수 있으리라 판단된다. 또한 소비자의 감성 충족을 위해 소비자에 대한 연구와 소비자를 감동시킬 수 있는 각 기업의 독창적이고 효율적인 문화마케팅에 대한 개발도 필요할 것이다. 하지만 앞에서도 여러 번 지적했듯이 단기적이며 비전략적인 문화마케팅은 지양해야 하며 기업 내부의 협의와 기업의 사명에 부응하고 기업의 제품과 서비스에 문화적 요소를 더욱 체화될 수 있도록 각 기업에 맞는 문화마케팅에 대한 선택과 개발이 필요할 것이다. 그러나 문화마케팅은 기업에서 장기적인 안목으로 문화마케팅을 실행하는 당위성을 찾지 못하고 있는 것이 현실이다.

그리하여 본 연구의 의의로 셋째, 문화마케팅이 문화 소비자들에게 어필이 되는지, 아니면 문화마케팅을 실행하는 기업의 이미지가 어떻게 형성되는지를 알면 문화소비자들과 커뮤니케이션을 하기 위해서라도 기업은 문화마케팅을 실행하는 것에 동기부여를 할 수 있다. 여기에 덧붙여 문화마케팅의 실행이 기업이미지 형성에 영향을 주며 소비자가 그 기업의 제품에 소비행동을 적극적으로 갖는다면 기업에서는 마케팅 방법으로 문화마케팅을 실행할 수 있는 동기부여가 충분히 될 수 있을 것이다.

넷째, 문화마케팅은 소비자와의 긍정적인 커뮤니케이션이 가능하며 기업이미지 형성에도 유의미한 영향을 끼치며 기업이미지 형성에 따라 소비행동을 상승시키는 것으로 나타났다. 이를 통해 기업과 소비자와의 효과적인 커뮤니케이션 수단으로서 문화마케팅의 역할이 있기를 기대해 본다.

3. 한계점과 향후 연구과제

본 연구를 수행함에 있어 다음과 같은 한계점이 있었다.

첫째, 연구대상 지역이 서울과 충청 지역 등 특정 지역으로 한정되었기 때문에 전국적으로 일반화하는 데는 한계가 있다.

둘째, 설문응답자들은 대부분 20대의 대학생들로 구성되어, 연구결과를 지역, 신분, 연령이 다른 일반인에게 적용하여 해석하기에는 다소 무리가 있으나 미래 기업의 고객관점에서 대학생을 본다면 의미가 있겠다. 하지만 더 넓은 대상으로 연구가 필요하겠다.

셋째, 이 연구는 문화마케팅에 실제로 노출된 일반 소비자를 대상으로 한 것이 아니라 기업의 사례를 지면을 통해 제시한 뒤, 조사 대상의 인식을 측정했다. 실제로 실행되는 문화마케팅의 효과와 차이가 있을 수 있다는 의미이며 현실적 제약을 극복하지 못한 한계가 있었다.

넷째, 본 연구와 유사한 선행연구가 거의 없는 관계로 연구결과의 충분한 논의를 할 수 없었다.

다섯째, 특정업종에서 실제로 집행했던 문화마케팅 사례의 지면자료를 실험 대상으로 활용한 점이다. 특정기업에 대한 기존이미지 및 태도가 개입되었을 가능성을 최대한 배제하기 위해 실험 대상에 특별한 특이사항이 등장하지 않으며, 최대한 문화마케팅 기법과 소구 강도, 소구내용 등 내적 요인이 비슷하다고 판단되는 문화마케팅 사례들을 선별했다고 하지만 이는 어디까지나 연구자의 주관적 판단일 뿐이었다. 종합적으로 살펴보면 문화마케팅은 기업의 이미지 제고에 긍정적인 영향을 미치며 소비행동에도 긍정적인 역할을 한다고 볼 수 있다.

앞으로의 연구 과제를 제시한다면

첫째, 기업들이 실행하고 있는 문화마케팅을 가능한 한 많이 조사한 후 문화마케팅의 소비자 만족도가 높은 것을 집대성한다. 그것을 기준으로 새로운 문화마케팅 유형의 개발이 필요하겠다.

둘째, 문화 소비자의 만족과 기업의 정체성에 부합하도록 문화마케팅 유형을 구체적으로 분류하고 문화마케팅에 적용된 세분화된 기업이미지에 대한 연구가 필요하겠다.

셋째, 직접적인 소비행동으로 행위를 예상할 수 있는 설문항목의 개발이 필요하겠다. 기업 입장에서의 문화마케팅의 최종 성과는 구매로 이어지는 것이 기업입장에서 가장 중요한 것이기 때문에 구매가 많이 일어날 수 있는 데이터를 제공하게 된다면 기업의 문화마케팅 활동은 활성화될 수 있기 때문이다.

넷째, 문화마케팅을 통해 비교적 기업신뢰이미지와 사회행동이미지의 형성이 다른 이미지에 비해 낮은 걸로 봤을 때 문화마케팅을 통해 기업의 사회적 책임 활동도 병행되어야 하며, 문화마케팅으로 기업신뢰이미지와 사회행동이미지에 영향을 줄 수 있는 문화마케팅 유형의 개발도 필요하다.

본 연구에서 제시한 결과들은 앞으로 새로운 기업의 전략이라고 할 수 있는 기업의 문화마케팅 활동에 귀중한 기초자료를 제공하게 될 것이다.

위와 같은 제한점을 감안하여 앞으로의 문화마케팅 시장의 개척과 활성화를 위한 새로운 마케팅 전략수립 차원의 조사연구가 활발해지기를 바란다.

강신도, "스포츠 스폰서십을 이용한 광고효과에 관한 연구", 동국대 정보 산업대학원 석사학위논문, 1998.

강영안, "문화개념의 철학적 배경", 한국철학회, 봄 정기 학술발표회, 1994.

김민주 외 5인, 창조경영시대의 문화마케팅(한국메세나협의회, 2006), p.32.

김소영, "기업이미지와 문화예술", 「한국문화정책개발원 http://www. kcpi.or.kr」.

김용만, "월드컵 축구 대표 팀 스폰서십이 스폰서 인지도 및 상표 선호도에 미치는 영향", 한국 스포츠 행정, 경영학회지, 제3권, 1998, 16~30.

김용열, 반 기업 정서와 기업 경쟁력, 산업연구원, e – kiet 산업경제정보, 2004. 3. 8.

김창남, "대중문화의 이해 한울아카데미", 1998.

김필구, "판매촉진활동이 소비자 구매행동에 미치는 영향에 대한 연구", 한양대학교 경영대학원 석사학위 논문, 2000, P.10.

김희진, 세일즈 프로모션의 이론과 전략, (서울: 한국광고연구원,1999), p.38.

남정숙 외 3인, 문화기업의 비밀(서울: 한국메세나협의회, 2008),
　　　　p.123.

노무라연구소, 2000.

두산백과사전.

"문화마케팅", 서울: LG 경제연구소, 주간경제 710호,
　　　　http://www.lgeri.com, 2003. 01. 15.

문화체육관광부, "2006 문화산업백서"

민민식, "메세나활동을 통한 브랜드 구축 사례", 오리콤 브랜드
　　　　저널, 2002.

박효식, 국제경영학(한올출판사, 1998), p.59.

박재진. "Corporate Image란 무엇인가?", 디자인포장, 통권 제21
　　　　호 1975년, pp.72~75.

박종의, "e-비즈니스 시대의 소비자 행동론", 도서출판 글로
　　　　벌, 2003.

산업사회학회, "사회학" 한울아카데미, 2004.

서정래, "아파트 브랜드가 소비자의 아파트 구매에 미치는 영
　　　　향에 관한 연구", 경희대 언론정보대학원 석사학위논문,
　　　　2001.

오세정·김홍규, "기업의 문화마케팅에 대한 소비자의 인식연
　　　　구", 주관성연구, 통권 제12호, 2006년 6월.

손레지나, "한국기업의 이미지 전략", 서울, 한국능률협회, 1989,
　　　　p.42.

심상민, "문화마케팅의 부상과 성공전략" 제372호, 삼성경제연
　　　　구소, 2002. 10. 30.

신유근, "한국기업의 특성과 과제", 서울대학교 출판부, 1984,
　　　　pp.221~222.

신중진, "기업이미지와 제품선택에 관한 실증적 연구", 고려대
　　　　경영대학원, 1988.

양현미 외 4인, "기업메세나 운동의 효과 분석" 한국문화정책

개발원, 2002.

유태용, "문화란 무엇인가" 학연문화사, 1999.

윤각·서상희, "기업의 사회공헌활동과 기업광고가 기업이미지와 브랜드태도 형성에 미치는 영향력에 관한 연구" 광고연구, 제61호, 2003, pp.47∼72.

이규현, "소비자행동론", 경문사, 2003. pp.91∼92.

이삼호·백용재, "기업이미지제고를 위한 문화마케팅 활성화 방안에 관한 연구", 디지털디자인학연구, 제11호.

이성근·이차옥, 프로모션 에센스, (서울: 무역경영사, 2001), p.226.

이진희, "기업광고가 기업이미지 형성에 미치는 영향에 관한 연구" 동덕여대 대학원, 박사학위논문, 1999.

이찬우, "인터넷 쇼핑몰 사이트가 가지는 매체풍부성이 소비자의 구매의도 및 사이트 만족도에 미치는 영향 분석", 한양대 석사학위논문, 2000.

장흥섭 외 8인, "마케팅", 삼영사, 2000.

정상권, "기업광고에 의해 형성된 기업이미지가 광고태도에 미치는 영향", 전주대 대학원, 박사학위논문, 2005.

정갑영 외 2인, "문화와 사회발전의 관련성 연구", 한국문화관광정책연구원, 2006.

정석순, "기업의 문화마케팅이 브랜드자산 형성에 미치는 영향", 중앙대학교 신문방송대학원석사학위논문, 2003.

조성규, "서울특별시 의약품 구매자의 구매의사결정에 관한 실증적 연구", 고려대학교 대학원 석사학위논문, 1981. p.40.

진종훈·양해술, "기업의 문화마케팅이 기업이미지제고를 통해 구매의도에 미치는 영향 — 서울, 충청 지역 대학생 중심으로 — ", 한국콘텐츠학회논문지, 제8권, 제4호, 2008년 4월.

최윤석, "세일즈 프로모션에 대한 인지적 평가 및 구매행동에의 영향", 중앙대학교 신문방송대학원 석사학위 논문,

1994, p.6.

최윤희, "현대PR론", 나남출판, 1998, pp.245~246.

최협, "한국문화의 연구와 그 방법", 정신문화연구, 제21권 제2호. 한국 정신문화연구원, 1998, pp.22~23.

하봉준, "제품 구매의도에 영향을 미치는 기업이미지 요인에 관한 연구" 경희대 대학원, 박사학위논문, 1999.

하봉준, "제품 구매의도에 미치는 기업이미지 요인에 관한 연구", 광고연구, 1999.

한상복·이문웅·김광억, "문화인류학개론", 서울대 출판부, 1988, pp.69~84.

한국메세나협회, "창조경영시대의 문화마케팅", 2006년 10월, p.24.

한국메세나협의회, "2004, 2005, 2006. 연차보고서"

권선희, "한국기업의 문화마케팅 도입방안" 단국대 산업경영대학원, 석사학위논문, 2003.

허광일, "기업의 스포츠 팀을 통한 마케팅이 소비자 행동에 미치는 영향", 한양대 대학원, 석사학위논문, 1998.

홍영준, "새로운 기업 커뮤니케이션 전략" 금강기획 마케팅 전략연구소, 2001, p.8.

AFCH & Arther Anderson, Marketing Arts & Culture Work in Business — The Business Case for Cultural Investment Guide, 1999.

Al Ries·Jack Trout, POSITIONING: The Battle for your mind. (McGraw — Hill. 1986) 에스엔씨 역, 마케팅 포지셔닝(십일월출판사, 2004) p.20.

Al Ries·Laura Ries, The Fall of Advertising & The rise of PR. Harper Collins 2002. 심현식 역, 마케팅 반란(청람출판사, 2004) p.160.

A. L. Kroeber, & C, Kluckhohn, Culture: A Critical Review of

Concept and Definitions. Harvard University, Press. p.5, 1952.

Anderson, W. Jr & William Cunningham., "The Socially Responsible Consumer", Journal of Marketing, 36, July, 1972, pp.76~116.

Barich, H. & Kotler, P. "A Framework for marketing image management" Sloan management review, Winter, 1991, pp.94~104.

B. Malinowski, A Scientific Theory of Culture. Oxford University Press, 1948.

Bette Ann Stead, "Corporate Giving: A Looking at the Arts" Journal of Business Ethics4, p.216.

Bernd H. Schmitt, 박성연, 윤성준, 홍성태 역, "Experiential Marketing", 세종서적, 1992, pp.38~44.

Brooks, C. M., "Celebrity Athlete Endorsement: An Overview of the key Theoretical Issues", Sports Marketing Quartely, Nov. 2, 23~32, 1998.

Brown, T. J. and Dacin, P. A, "The Company and Product: Corporate Associations and Consumer Product Responses", Journal of Marketing, Vol.61, January, 1997, pp.68~84.

Cone & Roper, Cause-Related Marketing Trend Report 1997: CRM becomes a tie-breaker in the purchase decision.

D. Cohen, "Consumer behavior", Random House, Inc, 1981. p.4.

Don L. James., Richard M. Durand and Robert A. Dreves, "The Use of Multi-attribute Attitude Model in a Store Image Study", Journal of Retailing, Vol.52(Summer), 1976, pp.25~26.

Dowling, G. R., "Developing your company image into corporate asset", Long Range Planning, Vol.26, 1983, p.27.

Dutka, Solomon and Iroving Roshwalb, "A Dictionary for Marketing Research, NewYork"(Audirs & Surveys, Inc., 1983), p.23.

Erickson, Gary M., Joney K. Johanson and Parl Chao, "Image Variables Multi−attributes Product Evaluation: Country −of−orgin Effects", Journal of Consumer Research, Vol.11(September). 1984.

Hofstede, G., Culture and organizations, New York, N. Y.: McGraw−Hill, 1977.

Kassarjian Harold H., "Incorporating Ecology into Marketing Strategy: The case of Air Pollution." Journal of Marketing, 35, July, 1971, pp.42∼47.

Kotler, P., Marketing management: Analysis, planning, and control(5th ed.). Englewood Cliffs. NJ: Prentice−Hall. 1984.

Lippman, W., "Public Opinion", Newyork: Macmillan. 1922.

Loudon, David L., and Albert, J. Della Bitta, "Consumer Behavior", McGraw−Hill Inc. 1987, pp.215∼216.

Marken, G. A, "Corporate Image−We All Have One, but Few Work to Protect and Protect it", Public Relations Quality, Vol.35, No.1, 1990, pp.21∼23.

Massy, Willian F. and Ronald E. Frank, "Short Term Price and Dealing Effect in Selected Marketing Segments", Journal of Marketing Research, 2(Nay), 1965, pp.171∼185.

Paul j. Dimaggio, "Can Culture Survive the Marketplace?" P. J. Dimaggio(ed.) Nonprofit Enterprise in the Art. (Oxford: Oxford Univ. Press, 1986), pp.67∼70.

R. Williams, "culture is ordinary", in studying culture, A, Gray & J. McGuigined, Edward amold, 1993.

Ross, J. K., Paterson L. T & Stuffs, M. A., "Consumer perception of organizations that use cause related marketing", Journal of the Academy of Marketing Science, pp.93~99. 1992.

Stan Rapp and Tom Collins, Maximarketing(New York; McGraw-Hill, 1987) pp.1~16.

Terpstra, V. and K, David, "The Cultural Environment of international Business", 2nd ed., Cincinnati Ohio: South-western Publishing Co.

Tillman, R., and Lorpatrick, C. A., Promotion, Persuasive Communication in Marketing, 1968, p.212.

Webster, F. E. Jr., Marketing Communication: Modern Promotional Strategy, John Wiely & Sons inc., 1971, pp.604~607.

82Webster, F. E. Jr., "Marketing Communication: Modern Promotional Strategy", John Wiely & Sons inc., 1971, pp.604~607.

Winters, L, C., "The Effect of Brand Advertising on Company Image: Implications for Corporate Advertising", Journal of Advertising Research, Vol.26, Apr/May 1986.

八券俊雄, "企業Image 戰略", 産能大出版部, 東京, 1984.

www.mecenat.or.kr, "창조적 경쟁력을 위한 중소기업 문화마케팅 세미나" 자료 참조.

설문조사지

안녕하십니까.

바쁘신 중에도 본 설문 조사를 위해 시간을 내주셔서 진심으로 감사드립니다. 본 설문지는 기업의 문화마케팅 활동이 소비자의 기업 이미지 형성을 통해 소비행동에 어떠한 영향을 미치는지에 대한 연구로서 문화마케팅을 시행한 기업의 이미지는 어떻게 소비자에게 형성되며 그 기업의 이미지 형성에 따라 그 기업의 제품 소비에 대한 영향을 알아보고자 "기업의 문화마케팅이 소비자의 기업 이미지 형성과 소비행동에 미치는 영향"이라는 주제로 박사학위논문을 준비하고 있습니다.

귀하께서는 응답해 주신 자료에서 응답자와 관련된 사항 등 모두 무기명 처리되며 그 어떠한 사실도 개별적으로 평가되지 않음을 약속드립니다.

본 설문 모두 익명으로 처리되고 통계법 제8조에 의거 비밀이 보장되며 다시 한 번 통계목적 외에는 사용되지 않음을 알려 드립니다. 끝까지 설문에 응해 주실 것을 다시 한 번 당부 드리며, 귀중한 시간 본 연구 작업에 협조하여 주신 데 대하여 진심으로 감사드립니다. 귀하의 앞날에 무궁한 발전을 기원합니다.

연구자: 진종훈

연락처: 연구실 02)0000 - 0000 HP: 011 - 721 - 5943

E - Mail: festivalpd@paran.com

귀하께서는 설문지의 상단의 설문내용을 읽으시고 기업의 문화마케팅 사례에 대하여 생각나시는 대로 해당 번호 항목에 'V' 표시를 해 주시면 감사하겠습니다.

〈표기방법〉 아래의 5점 척도 보기를 참고하셔서 질문항목마다 귀하께서 공감하는 번호 위에 'V'표시를 해 주시면 감사하겠습니다.
〈작성방법의 보기〉 귀하께서 ③번에 공감하시면→③, ⑤번에 공감하시면→⑤로 'V'해 주십시오.

1. 문화마케팅 중 문화지원 사례를 읽어 보시고 답해 주시길 바랍니다.

  : : 문화마케팅 문화지원 사례
  ■ 문화지원 대상 러시아 볼쇼이 극장 지원(관객 수 70만 명/연)
  ■ 목적 글로벌 기업으로서 현지 사회공헌활동을 통해 지역사회와 유대 강화
  ■ 방식
  − 1995년 '해외 사회공헌활동 실행 기준'을 마련하여 체계적으로 추진
  − 10년간 약 200만 달러의 재정 및 기술지원
  − 각종 전자제품 제공, 건물 개보수, 프로그램 개발, 출연자 보험금 지원, 공연 팸플릿 지원
  − 2001년 볼쇼이 극장 후원 10주년을 맞아 차기 후원 계약 체결
  ■ 성과
  − 삼성은 러시아 문화예술발전을 지원하는 기업이라는 호의적 이미지 구축
  − 단기간에 러시아 내 삼성 인지도와 브랜드 자산 제고

문화마케팅의 개념에 대한 질문입니다. 문화마케팅에 대해 알고 계시거나 생각나시는 대로 답해 주시길 바랍니다.	전혀 그렇지 않다	그렇지 않다	보통 이다	그렇다	매우 그렇다

1	귀하께서는 문화마케팅에 대해 알고 있습니까? ① 많이 알고 있다　　② 조금 알고 있다　　③ 전혀 모르고 있다
2	문화마케팅의 개념이 무엇이라 생각하십니까? ① 문화예술단체에 재정적 지원을 하는 활동　② 문화를 활용한 기업의 판매촉진 활동 ③ 문화를 활용하여 독특한 기업문화를 만드는 활동　　④ 기타
3	현재 국내기업뿐만 아니라 외국 기업들도 문화마케팅을 실시하고 있습니다. 기업이 문화마케팅을 하는 이유가 무엇이라 생각하십니까? ① 문화마케팅을 통한 수익 증대　　② 문화마케팅을 통한 자사 상표 고지(알림) ③ 문화마케팅을 위한 기업이미지 전환　④ 재정적 후원을 통한 우수한 문화예술인재 　　　　　　　　　　　　　　　　　　　발굴 및 육성 ⑤ 기타(　　　　　　　　　　　　　　)
4	현재 국내외 문화마케팅을 실시하고 있는 기업 중 귀하가 높은 점수를 주고 싶은 기업명을 하나만 적어 주십시오. (　　　　　　　　　　　　)

문화마케팅 유형의 인식에 대한 질문입니다. 위의 사례를 보고 생각나시는 대로 답해 주시길 바랍니다.	전혀 그렇지 않다	그렇지 않다	보통 이다	그렇다	매우 그렇다
1	위의 사례는 광고나 마케팅에 문화적 요소를 적극적으로 활용한다고 생각하십니까? (문화판촉사례)	①	②	③	④	⑤
2	위의 사례는 문화예술단체를 적극적으로 지원하고 있다고 생각하십니까? (문화지원 사례)	①	②	③	④	⑤
3	위의 사례는 제품에 문화이미지를 효과적으로 부여하고 있다고 생각하십니까? (문화연출사례)	①	②	③	④	⑤
4	위의 사례는 기업 이미지를 문화적으로 구축하기 위해 노력을 하고 있다고 생각하십니까? (문화기업사례)	①	②	③	④	⑤

기업행동이미지에 관한 질문입니다. 상단의 삼성 사례를 보시고 생각나시는 대로 답해 주시길 바랍니다.	전혀 그렇지 않다	그렇지 않다	보통 이다	그렇다	매우 그렇다
1	빠르게 성장하고, 장래성이 있는 기업이다	①	②	③	④	⑤
2	연구개발(R&D)에 최선을 다하는 기업이다.	①	②	③	④	⑤
3	소비자가 제품(서비스)에 대해 만족하는 기업이다.	①	②	③	④	⑤
4	국제경쟁력을 갖춘 기업이다.	①	②	③	④	⑤

<table>
<tr><td colspan="2">사회행동이미지에 관한 질문입니다.
상단의 삼성 사례를 보시고 생각나시는 대로 답해
주시길 바랍니다.</td><td>전혀
그렇지
않다</td><td>그렇지
않다</td><td>보통
이다</td><td>그렇다</td><td>매우
그렇다</td></tr>
<tr><td>1</td><td>문화예술 분야에 공헌도가 높은 기업이다.</td><td>①</td><td>②</td><td>③</td><td>④</td><td>⑤</td></tr>
<tr><td>2</td><td>소비자 문제(소비자 보호)에 관심을 기울이는 기업이다.</td><td>①</td><td>②</td><td>③</td><td>④</td><td>⑤</td></tr>
<tr><td>3</td><td>사회의 공익(사회복지, 교육, 환경문제 해결)을 위해 노력하는 기업이다.</td><td>①</td><td>②</td><td>③</td><td>④</td><td>⑤</td></tr>
<tr><td>4</td><td>인간존중의 기업정신을 갖고 있는 기업이다</td><td>①</td><td>②</td><td>③</td><td>④</td><td>⑤</td></tr>
</table>

<table>
<tr><td colspan="2">기업신뢰이미지에 관한 질문입니다.
상단의 삼성 사례를 보시고 생각나시는 대로 답해
주시길 바랍니다.</td><td>전혀
그렇지
않다</td><td>그렇지
않다</td><td>보통
이다</td><td>그렇다</td><td>매우
그렇다</td></tr>
<tr><td>1</td><td>신뢰감과 친근감이 드는 기업이다.</td><td>①</td><td>②</td><td>③</td><td>④</td><td>⑤</td></tr>
<tr><td>2</td><td>주식구매나 취업의도가 있는 기업이다.</td><td>①</td><td>②</td><td>③</td><td>④</td><td>⑤</td></tr>
<tr><td>3</td><td>정도경영(사회와 약속이행, 성실한 세금납부 등)을 하고 있는 기업이다</td><td>①</td><td>②</td><td>③</td><td>④</td><td>⑤</td></tr>
<tr><td>4</td><td>노사관계에 힘쓰는 기업이다.</td><td>①</td><td>②</td><td>③</td><td>④</td><td>⑤</td></tr>
</table>

<table>
<tr><td colspan="2">마케팅이미지에 관한 질문입니다.
상단의 삼성 사례를 보시고 생각나시는 대로 답해
주시길 바랍니다.</td><td>전혀
그렇지
않다</td><td>그렇지
않다</td><td>보통
이다</td><td>그렇다</td><td>매우
그렇다</td></tr>
<tr><td>1</td><td>마케팅에 문화적 요소를 적극적으로 활용하는 기업이다.</td><td>①</td><td>②</td><td>③</td><td>④</td><td>⑤</td></tr>
<tr><td>2</td><td>광고홍보활동을 잘하는 기업이다.</td><td>①</td><td>②</td><td>③</td><td>④</td><td>⑤</td></tr>
<tr><td>3</td><td>마케팅 능력이 뛰어난 기업이다.</td><td>①</td><td>②</td><td>③</td><td>④</td><td>⑤</td></tr>
<tr><td>4</td><td>소비자와의 커뮤니케이션에 노력하는 기업이다.</td><td>①</td><td>②</td><td>③</td><td>④</td><td>⑤</td></tr>
</table>

<table>
<tr><td colspan="2">소비행동에 대한 질문입니다.
상단의 삼성 사례를 보시고 생각나시는 대로 답해
주시길 바랍니다.</td><td>전혀
그렇지
않다</td><td>그렇지
않다</td><td>보통
이다</td><td>그렇다</td><td>매우
그렇다</td></tr>
<tr><td>1</td><td>문화마케팅을 한 기업의 제품을 구매하고 싶다</td><td>①</td><td>②</td><td>③</td><td>④</td><td>⑤</td></tr>
<tr><td>2</td><td>비슷한 수준이라면 문화마케팅을 한 기업의 제품을 구매하고 싶다.</td><td>①</td><td>②</td><td>③</td><td>④</td><td>⑤</td></tr>
<tr><td>3</td><td>문화마케팅을 하고 있는 기업의 제품은 믿음직하므로 다른 제품에 비해 더 구매하고 싶다.</td><td>①</td><td>②</td><td>③</td><td>④</td><td>⑤</td></tr>
<tr><td>4</td><td>문화마케팅을 한 기업 제품의 품질은 우수할 것이라고 생각하고 있다.</td><td>①</td><td>②</td><td>③</td><td>④</td><td>⑤</td></tr>
</table>

2. 문화마케팅 중 문화기업 사례를 보고 답해 주시길 바랍니다.

: : 문화마케팅 문화기업 사례

▲건물 전체 래핑
▼옥외 미술품, 파도소리가 들리는 하나은행

2006년 12월 10일. 당행 본점 건물이 대형 예술품으로 탈바꿈했다.
이번 설치예술품은 을지로 본점 건물 전체를 26만개의 리본으로 감싼 국내 최초로 시도한 건물 전체 래핑 옥외 미술품이다. 또한 문화은행으로서의 이미지와 혁신의 이미지를 반영하여 어필하고 있다.

이번 작품의 주제는 '작은 하나가 모여 큰 하나가 된다'는 것으로 개별 리본 하나하나는 작고 보잘것 없지만 그것이 모여 이루어졌을 때는 상상이상의 결과를 가져올 수 있다는 의미를 담고 있다. 또한 당행의 녹색 통장을 모티브로 작은 여러 개의 통장이 큰 하나의 통장을 이루는 것으로도 상징되어 고객 하나하나의 중요성, 금융기관으로서의 저축의 컨셉 등을 효과적으로 보여줬다.

하나은행 CI컬러인 녹색과 셀로판 PVC재질로 제작된 리본의 상징적 조형물은 지나가는 시민들에게 파도가 일어나고 물결이 치며, 바람에 의해 함성이 들리는 것과 같은 후련한 느낌을 준다. 일반적인 루미나리에의 식상함을 뛰어넘은 이 설치 예술은 페이퍼테이너 뮤지엄 참여작가인 김혁과 광복60주년 서울 시청자 기념비 '태극기 휘날리며'의 작가 윤규상의 공동작품으로 약 2개월간의 제작기간을 거쳐 완성됐다.

이번 프로젝트의 관계자는 '획일화된 연말연시 풍경에 식상한 시민들에게 문화적 청량제로서의 역활을 할 것이 기대된다'며 '이같은 창의적인 작은 시도가 도심에 활력을 불어 넣고 기업들의 예술적 홍보마테팅 붐을 이루는 시금석이 될 것'이라고 말했다.

1 무료전시공간-갤러리'하나사랑'의 운영

1991년 청담동과 평창동에 신진작가들을 위한 무료전시공간인 '하나사랑'을 개관 하였습니다. 현재는 평창동 '하나사랑'만을 운영 중에 있습니다. 연 **4회** 신진작가 초대전 및 이를 위한 홍보물 제작지원을 해 오고 있습니다.

2 국내 최초의 미술품 담보대출 상품 시판

1996년 미술품을 은행여신의 담보불건화 함으로써 미적 가치 뿐만이 아닌 경제적 가치의 부각을 통해 미술품 시장의 경제적 활성화를 시도하였습니다.

3 도심 건물 옥상 위에서 펼쳐지는 미술관-거리의 미술관

하나은행은 일상에 지친 이들에게는 생활의 여유를, 신인 작가에게는 자신의 작품을 대중에 선보일 수 있는 기회를 제공하기 위해서 2006년부터 거리의 미술관을 시행해오고 있습니다.
거리의 미술관은 건물 옥상 위에 설치된 대형 광고판에 신인 작가의 작품을 전시하는 방식으로 시행되고 있으며, 각 기업체의 광고판으로 배곡하게 가려진 서울 하늘에 한줄기 소나기와 같은 시원함을 선사하고 있습니다.

<table>
<tr><td colspan="2">문화마케팅 유형의 인식에 대한 질문입니다.
위의 사례를 보시고 생각나시는 대로 답해 주시길
바랍니다.</td><td>전혀
그렇지
않다</td><td>그렇지
않다</td><td>보통
이다</td><td>그렇다</td><td>매우
그렇다</td></tr>
<tr><td>1</td><td>위의 사례는 광고나 마케팅에 문화적 요소를 적극적으로 활용한다고 생각하십니까? (문화판촉사례)</td><td>①</td><td>②</td><td>③</td><td>④</td><td>⑤</td></tr>
<tr><td>2</td><td>위의 사례는 문화예술단체를 적극적으로 지원하고 있다고 생각하십니까? (문화지원 사례)</td><td>①</td><td>②</td><td>③</td><td>④</td><td>⑤</td></tr>
<tr><td>3</td><td>위의 사례는 제품에 문화이미지를 효과적으로 부여하고 있다고 생각하십니까? (문화연출사례)</td><td>①</td><td>②</td><td>③</td><td>④</td><td>⑤</td></tr>
<tr><td>4</td><td>위의 사례는 기업이미지를 문화적으로 구축하기 위해 노력을 하고 있다고 생각하십니까? (문화기업사례)</td><td>①</td><td>②</td><td>③</td><td>④</td><td>⑤</td></tr>
</table>

<table>
<tr><td colspan="2">기업행동이미지에 관한 질문입니다.
상단의 하나은행 사례를 보시고 생각나시는 대로
답해 주시길 바랍니다.</td><td>전혀
그렇지
않다</td><td>그렇지
않다</td><td>보통
이다</td><td>그렇다</td><td>매우
그렇다</td></tr>
<tr><td>1</td><td>빠르게 성장하고, 장래성이 있는 기업이다</td><td>①</td><td>②</td><td>③</td><td>④</td><td>⑤</td></tr>
<tr><td>2</td><td>연구개발(R&D)에 최선을 다하는 기업이다.</td><td>①</td><td>②</td><td>③</td><td>④</td><td>⑤</td></tr>
<tr><td>3</td><td>소비자가 제품(서비스)에 대해 만족하는 기업이다.</td><td>①</td><td>②</td><td>③</td><td>④</td><td>⑤</td></tr>
<tr><td>4</td><td>국제경쟁력을 갖춘 기업이다.</td><td>①</td><td>②</td><td>③</td><td>④</td><td>⑤</td></tr>
</table>

<table>
<tr><td colspan="2">사회행동이미지에 관한 질문입니다.
상단의 하나은행 사례를 보시고 생각나시는 대로
답해 주시길 바랍니다.</td><td>전혀
그렇지
않다</td><td>그렇지
않다</td><td>보통
이다</td><td>그렇다</td><td>매우
그렇다</td></tr>
<tr><td>1</td><td>문화예술 분야에 공헌도가 높은 기업이다.</td><td>①</td><td>②</td><td>③</td><td>④</td><td>⑤</td></tr>
<tr><td>2</td><td>소비자 문제(소비자 보호)에 관심을 기울이는 기업이다.</td><td>①</td><td>②</td><td>③</td><td>④</td><td>⑤</td></tr>
<tr><td>3</td><td>사회의 공익(사회복지, 교육, 환경문제 해결)을 위해 노력하는 기업이다.</td><td>①</td><td>②</td><td>③</td><td>④</td><td>⑤</td></tr>
<tr><td>4</td><td>인간존중의 기업정신을 갖고 있는 기업이다</td><td>①</td><td>②</td><td>③</td><td>④</td><td>⑤</td></tr>
</table>

<table>
<tr><td colspan="2">기업신뢰이미지에 관한 질문입니다.
상단의 하나은행 사례를 보시고 생각나시는 대로
답해 주시길 바랍니다.</td><td>전혀
그렇지
않다</td><td>그렇지
않다</td><td>보통
이다</td><td>그렇다</td><td>매우
그렇다</td></tr>
<tr><td>1</td><td>신뢰감과 친근감이 드는 기업이다.</td><td>①</td><td>②</td><td>③</td><td>④</td><td>⑤</td></tr>
<tr><td>2</td><td>주식구매나 취업의도가 있는 기업이다.</td><td>①</td><td>②</td><td>③</td><td>④</td><td>⑤</td></tr>
<tr><td>3</td><td>정도경영(사회와 약속이행, 성실한 세금납부 등)을 하고 있는 기업이다</td><td>①</td><td>②</td><td>③</td><td>④</td><td>⑤</td></tr>
<tr><td>4</td><td>노사관계에 힘쓰는 기업이다.</td><td>①</td><td>②</td><td>③</td><td>④</td><td>⑤</td></tr>
</table>

마케팅이미지에 관한 질문입니다. 상단의 하나은행 사례를 보시고 생각나시는 대로 답해 주시길 바랍니다.		전혀 그렇지 않다	그렇지 않다	보통 이다	그렇다	매우 그렇다
1	마케팅에 문화적 요소를 적극적으로 활용하는 기업이다.	①	②	③	④	⑤
2	광고홍보활동을 잘하는 기업이다.	①	②	③	④	⑤
3	마케팅 능력이 뛰어난 기업이다.	①	②	③	④	⑤
4	소비자와의 커뮤니케이션에 노력하는 기업이다.	①	②	③	④	⑤

소비행동에 대한 질문입니다. 상단의 하나은행 사례를 보시고 생각나시는 대로 답해 주시길 바랍니다.		전혀 그렇지 않다	그렇지 않다	보통 이다	그렇다	매우 그렇다
1	문화마케팅을 한 기업의 제품을 구매하고 싶다.	①	②	③	④	⑤
2	비슷한 수준이라면 문화마케팅을 한 기업의 제품을 구매하고 싶다.	①	②	③	④	⑤
3	문화마케팅을 하고 있는 기업의 제품은 믿음직하므로 다른 제품에 비해 더 구매하고 싶다.	①	②	③	④	⑤
4	문화마케팅을 한 기업 제품의 품질은 우수할 것이라고 생각하고 있다.	①	②	③	④	⑤

3. 문화마케팅 중 문화판촉 사례를 읽어 보시고 답해 주시길 바랍니다.

：： 문화마케팅 문화판촉 사례

LG, '조선 후기 한국화 속에 LG 제품이!'

"조선 후기 한국화 속에 LG 제품이!"

－「LG 브랜드」 광고, 서양명화에 이어 우리에게 친숙한 조선 후기 한국화 속에 LG의 제품을 결합한 새로운 광고 선보여

■ 김홍도, 신윤복, 강희언, 이인문 등 조선 후기 화가들의 풍속도와 산수화 속에 트롬 세탁기, 엘라스틴 샴푸, 엑스캔버스 TV와 샴페인 홈씨어터, 휘센 에어컨, 엑스노트 노트북 등 LG의 제품들 배치

■ '당신의 생활 속에 LG가 많아신나는 것은, 미래를 일찍 만난다는 것' 카피 통해 항상 미래를 내다보며 고객의 일상생활에 새로운 가치를 제공하겠다는 LG의 의지를 표현

■ 참신한 비주얼로 한국광고자율심의기구의 8월 '이 달의 좋은 광고'로 선정되기도

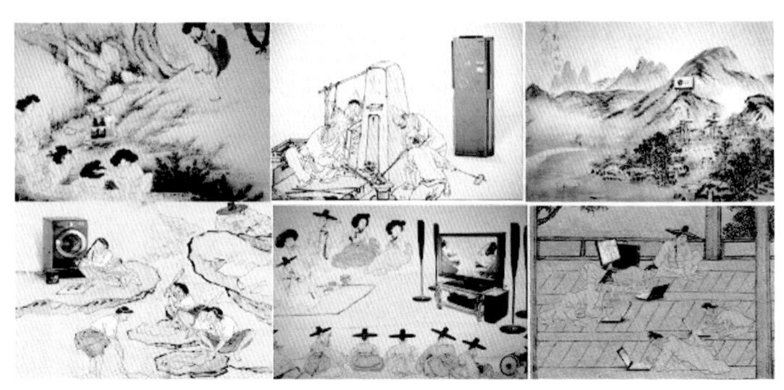

문화마케팅 유형의 인식에 대한 질문입니다. 위의 사례를 보시고 생각나시는 대로 답해 주시길 바랍니다.		전혀 그렇지 않다	그렇지 않다	보통 이다	그렇다	매우 그렇다
1	위의 사례는 광고나 마케팅에 문화적 요소를 적극적으로 활용한다고 생각하십니까? (문화판촉사례)	①	②	③	④	⑤
2	위의 사례는 문화예술단체를 적극적으로 지원하고 있다고 생각하십니까? (문화지원 사례)	①	②	③	④	⑤
3	위의 사례는 제품에 문화이미지를 효과적으로 부여하고 있다고 생각하십니까? (문화연출사례)	①	②	③	④	⑤
4	위의 사례는 기업이미지를 문화적으로 구축하기 위해 노력을 하고 있다고 생각하십니까? (문화기업사례)	①	②	③	④	⑤

문화마케팅에 대한 질문입니다. LG의 사례를 보시고 생각나시는 대로 답해 주시길 바랍니다.		전혀 그렇지 않다	그렇지 않다	보통 이다	그렇다	매우 그렇다
1	LG는 광고나 마케팅의 일환으로 문화적 요소를 적극적으로 잘 활용한다고 생각하십니까?	①	②	③	④	⑤
2	LG는 문화행사와 예술 활동을 적극적으로 지원하고 있다고 생각하십니까?	①	②	③	④	⑤
3	LG는 다양한 문화마케팅을 통해서 제품에 문화이미지를 효과적으로 부여하고 있다고 생각하십니까?	①	②	③	④	⑤
4	LG는 문화적 이미지를 구축하기 위한 노력을 하고 있다고 생각하십니까?	①	②	③	④	⑤

기업행동이미지에 관한 질문입니다. 상단의 LG 사례를 보시고 생각나시는 대로 답해 주시길 바랍니다.		전혀 그렇지 않다	그렇지 않다	보통 이다	그렇다	매우 그렇다
1	빠르게 성장하고, 장래성이 있는 기업이다	①	②	③	④	⑤
2	연구개발(R&D)에 최선을 다하는 기업이다.	①	②	③	④	⑤
3	소비자가 제품(서비스)에 대해 만족하는 기업이다.	①	②	③	④	⑤
4	국제경쟁력을 갖춘 기업이다.	①	②	③	④	⑤

사회행동이미지에 관한 질문입니다. 상단의 LG 사례를 보시고 생각나시는 대로 답해 주시길 바랍니다.		전혀 그렇지 않다	그렇지 않다	보통 이다	그렇다	매우 그렇다
1	문화예술 분야에 공헌도가 높은 기업이다.	①	②	③	④	⑤
2	소비자 문제(소비자 보호)에 관심을 기울이는 기업이다.	①	②	③	④	⑤
3	사회의 공익(사회복지, 교육, 환경문제 해결)을 위해 노력하는 기업이다.	①	②	③	④	⑤
4	인간존중의 기업정신을 갖고 있는 기업이다	①	②	③	④	⑤

기업신뢰이미지에 관한 질문입니다. 상단의 LG 사례를 보시고 생각나시는 대로 답해 주시길 바랍니다.		전혀 그렇지 않다	그렇지 않다	보통 이다	그렇다	매우 그렇다
1	신뢰감과 친근감이 드는 기업이다.	①	②	③	④	⑤
2	주식구매나 취업의도가 있는 기업이다.	①	②	③	④	⑤
3	정도경영(사회와 약속이행, 성실한 세금납부 등)을 하고 있는 기업이다	①	②	③	④	⑤
4	노사관계에 힘쓰는 기업이다.	①	②	③	④	⑤

마케팅이미지에 관한 질문입니다. 상단의 LG 사례를 보시고 생각나시는 대로 답해 주시길 바랍니다.		전혀 그렇지 않다	그렇지 않다	보통 이다	그렇다	매우 그렇다
1	마케딩에 문화적 요소를 적극적으로 활용하는 기업이다.	①	②	③	④	⑤
2	광고홍보활동을 잘하는 기업이다.	①	②	③	④	⑤
3	마케팅 능력이 뛰어난 기업이다.	①	②	③	④	⑤
4	소비자와의 커뮤니케이션에 노력하는 기업이다.	①	②	③	④	⑤

<table>
<tr><td colspan="2">소비행동에 대한 질문입니다.
상단의 LG 사례를 보시고 생각나시는 대로 답해 주시길 바랍니다.</td><td>전혀
그렇지
않다</td><td>그렇지
않다</td><td>보통
이다</td><td>그렇다</td><td>매우
그렇다</td></tr>
<tr><td>1</td><td>문화마케팅을 한 기업의 제품을 구매하고 싶다</td><td>①</td><td>②</td><td>③</td><td>④</td><td>⑤</td></tr>
<tr><td>2</td><td>비슷한 수준이라면 문화마케팅을 한 기업의 제품을 구매하고 싶다.</td><td>①</td><td>②</td><td>③</td><td>④</td><td>⑤</td></tr>
<tr><td>3</td><td>문화마케팅을 하고 있는 기업의 제품은 믿음직하므로 다른 제품에 비해 더 구매하고 싶다.</td><td>①</td><td>②</td><td>③</td><td>④</td><td>⑤</td></tr>
<tr><td>4</td><td>문화마케팅을 한 기업 제품의 품질은 우수할 것이라고 생각하고 있다.</td><td>①</td><td>②</td><td>③</td><td>④</td><td>⑤</td></tr>
</table>

※ 인구통계학적 사항입니다.

귀하의 일반적인 사항에 대한 질문입니다.
보시고 정확하게 기입하여 주시길 바랍니다.

<table>
<tr><td>1</td><td>귀하의 문화마케팅 관심 정도는?</td><td>전혀
관심
없다</td><td>관심
없다</td><td>보통
이다</td><td>관심
있다</td><td>매우
관심
있다</td></tr>
<tr><td>2</td><td>귀하의 성별은?</td><td colspan="2">① 남자</td><td></td><td colspan="2">② 여자</td></tr>
<tr><td>3</td><td>귀하의 결혼 여부는?</td><td colspan="2">① 미혼</td><td colspan="2">② 기혼</td><td>③ 기타</td></tr>
<tr><td>4</td><td>귀하의 연령은?</td><td>①
19세
이하</td><td>②
20~
29세</td><td>③
30~
39세</td><td>④
40~
49세</td><td>⑤
50세
이상</td></tr>
<tr><td>5</td><td>귀하의 학력은?</td><td>①
고졸
이하</td><td>②
전문대
(재)졸
이하</td><td>③
대학교
(재)졸
이하</td><td>④
대학원
재학
이상</td><td>⑤
기타</td></tr>
<tr><td>6</td><td>귀하의 월평균 소득은?</td><td>①
100만 원
미만</td><td>②
100~
200만 원
미만</td><td>③
200~
400만 원
미만</td><td>④
400만 원
이상</td><td>⑤
기타</td></tr>
<tr><td>7</td><td>귀하의 직업은?</td><td>①
학생</td><td>②
주부</td><td>③
사무직</td><td>④
전문직</td><td>⑤
기타</td></tr>
<tr><td>8</td><td>귀하의 거주지는?</td><td>①
서울/경기</td><td>②
강원/충청</td><td>③
경상/전라</td><td>④
제주</td><td>⑤
기타</td></tr>
<tr><td>9</td><td>귀하의 매체 선호도는?</td><td>①
TV</td><td>②
라디오</td><td>③
신문</td><td>④
잡지</td><td>⑤
기타</td></tr>
<tr><td>10</td><td>귀하의 전공(관심) 분야는?</td><td>①
인문
과학</td><td>②
자연
과학</td><td>③
사회
과학</td><td>④
문화
예술</td><td>⑤
기타</td></tr>
</table>

지금까지 정성껏 설문에 응해 주셔서 대단히 감사합니다.

진종훈 (festivalpd@paran.com)

▌약 력

호서대학교 경영학박사(문화산업경영 전공)
현) 문화산업 평론가
현) 사단법인)한국모델협회 전문위원(문화마케팅 분야)
현) 홍익대학교, 광고홍보학부 "문화마케팅" 출강
　　MBC아카데미 특강교수
　　국제문화정보기술학회 이사

전)
－2002 KOREA/JAPAN 월드컵 ™ 서울플라자 연출단－이벤트팀 팀장(프로듀서)
－강릉대학교 여성커리어 개발센터
　문화·예술·관광 코디네이터 교육과정 문화예술 분야 총괄교수
－대구 E－Sports 페스티벌 평가단, 백두산문화원형사업, 디지털청주문화대전,
　청주시 문화산업 클러스터 수익모델연구, 천안시 브랜드 'FAST' 디자인 연구,
　제주특별자치도(퓨전 공연창작을 통한 관련 문화콘텐츠 수익모델 창출전략에
　관한 연구), 천안시 게임엑스포 연구포럼, 제주뷰티 문화콘텐츠 육성방안 연구,
　충청남도 문화산업10개년 발전계획 연구, 조선통신사의 완벽복원, 제23회 전
　국장애인체육대회 개·폐막식 및 문화행사 프로듀서, 2003년 충남장애인체전
　자원봉사다짐대회 등 문화산업 전반에 대한 연구를 수행하고 있다.

▌저서 및 논문

저서－성공하는 문화마케팅을 위한 축제와 이벤트, 글누림, 2006.
논문－기업의 문화마케팅이 기업이미지제고를 통해 구매의도에 미치는 영향, 한
　　　국콘텐츠학회.
논문－기업의 문화마케팅이 소비자의 기업이미지형성과 소비행동에 미치는 영향

초판인쇄 | 2009년 10월 30일
초판발행 | 2009년 10월 30일

지은이 | 진종훈
펴낸이 | 채종준
펴낸곳 | 한국학술정보㈜
주　소 | 경기도 파주시 교하읍 문발리 파주출판문화정보산업단지 513-5
전　화 | 031) 908-3181(대표)
팩　스 | 031) 908-3189
홈페이지 | http://www.kstudy.com
E-mail | 출판사업부　publish@kstudy.com
등　록 | 제일산-115호(2000. 6. 19)

ISBN　978-89-268-0487-2 93320 (Paper Book)
　　　978-89-268-0488-9 98320 (e-Book)

내일을여는지식 은 시대와 시대의 지식을 이어 갑니다.

이 책은 한국학술정보(주)와 저작자의 지적 재산으로서 무단 전재와 복제를 금합니다.
책에 대한 더 나은 생각, 끊임없는 고민, 독자를 생각하는 마음으로 보다 좋은 책을 만들어갑니다.